Marco Polo

HOLLAND

Reiseführer mit Insider-Tips

Sechs Symbole sollen Ihnen die Orientierung in diesem Führer erleichtern:

★

für Marco Polo Tips – die besten in jeder Kategorie

für alle Objekte, bei denen Sie auch eine schöne Aussicht haben

für Plätze, wo Sie bestimmt viele Einheimische treffen

für Treffpunkte für junge Leute

(A 1)
Koordinaten für die Übersichtskarte

Die Marco Polo Route verbindet die schönsten Punkte Hollands zu einer Idealtour

Diesen Führer schrieb Rainer Stiller. Er ist Reisejournalist und kennt die Niederlande seit seiner Kindheit.
Die Marco Polo Reihe wird herausgegeben von Ferdinand Ranft.

MAIRS GEOGRAPHISCHER VERLAG

MARCO POLO

Für Ihre nächste Reise gibt es folgende Titel dieser Reihe:

Ägypten • Algarve • Amrum / Föhr • Amsterdam • Andalusien • Antarktis • Argentinien / Buenos Aires • Athen • Australien • Bali / Java • Baltikum • Bangkok • Barcelona • Bayerischer Wald • Berlin • Bodensee • Brasilien / Rio • Bretagne • Brüssel • Budapest • Bulgarien • Burgenland • Burgund • Capri • China • Costa Brava • Côte d'Azur • Dänemark • Deutschland Ost • Dominikanische Republik • Dresden • Düsseldorf • Elba • Elsaß • England • Euro Disney • Feuerland / Patagonien • Finnland • Flandern • Florenz • Florida • Frankfurt • Frankreich • Frz. Atlantikküste • Fuerteventura • Galicien • Gardasee • Gran Canaria • Griechenland • Griech. Inseln / Ägäis • Hamburg • Harz • Hawaii • Heidelberg • Holland • Hongkong • Ibiza / Formentera • Indien • Ionische Inseln • Irland • Ischia • Island • Israel • Istanbul • Italien • Italien Nord • Italien Süd • Ital. Adria • Ital. Riviera • Japan • Jemen • Jerusalem • Kalifornien • Kanada • Karibik: Gr. Antillen • Karibik: Kl. Antillen • Kärnten • Kenia • Köln • Korsika • Kreta • Lanzarote • La Palma • Leipzig • Lissabon • Loire-Tal • London • Madeira • Madrid • Malediven • Mallorca • Malta • Marokko • Mauritius • Mecklenburger Seenplatte • Mexiko • Moskau • München • Nepal • Neuseeland • New York • Norwegen • Oberbayern • Oberital. Seen • Österreich • Ostfriesische Inseln • Ostseeküste: Schlesw.-Holst. • Ostseeküste: Mecklbg.-Vorp. • Paris • Peking • Polen • Portugal • Potsdam • Prag • Provence • Rhodos • Rom • Rügen • Rumänien • Rußland • Salzburg / Salzkammergut • San Francisco • Sardinien • Schottland • Schwarzwald • Schweden • Schweiz • Sizilien • Spanien • Spreewald / Lausitz • Sri Lanka • St. Petersburg • Südafrika • Südengland • Südsee • Südtirol • Sylt • Taiwan • Teneriffa • Tessin • Thailand • Thüringen • Tirol • Tokio • Toskana • Tschechische Rep. / Slowakische Rep. • Tunesien • Türkei • Türk. Mittelmeerküste • Ungarn • USA • USA: Neuengland • USA Ost • USA Südstaaten • USA West • Venedig • Weimar • Wien • Zypern • Die 30 tollsten Ziele in Europa •

Die Marco Polo Redaktion freut sich, wenn Sie ihr schreiben:
Marco Polo Redaktion, Mairs Geographischer Verlag
Postfach 31 51, D-73751 Ostfildern

Titelbild: Windmühle am Schanse Fluß (Lade/Dr. Wagner)
Fotos: Amberg (58); Kallabis (16); Knigge (Umschlagklappe vorn, 86); Lade: Lowes (25), Ott (66), Picture Box (34); Mauritius: Storck (84), Thonig (11, 47), Torino (62, 65); Schapowalow: Comnet (57), Harten (29), Mader (74), Sperber (17, 41); Schuster: Ikeda (39), Martin (4), Roth (55), Tovy (14, 20, 48); Silvestris/Stadler (8, 72, 82, 96); Sperber (22, 28, 80); Transglobe/van Riel (30)

3., aktualisierte Auflage 1994 © Mairs Geographischer Verlag/Hachette
Lektorat: Rolf Erdorf
Gestaltung: Thienhaus/Wippermann (Büro Hamburg)
Kartographie: Mairs Geographischer Verlag

Printed in Germany
Gedruckt auf 100% chlorfreies Papier

INHALT

TERRAS
BRASSERIE
DU
GAILLARD

Entdecken Sie Holland!

Mit fast eigenbrötlerischer Beharrlichkeit verteidigen die Bürger ihren Staat: die Niederlande

Henk sitzt auf einem eisenbeschlagenen geschwärzten Holzfaß in der Ecke der kleinen Kneipe, die uns wegen des verwitterten Brauereischildes, der abgewetzten Holztür und der stumpfen Butzenscheiben angelockt hat. Henk schüttelt den Kopf und sagt ein zweites Mal: *»Dat bestaat niet!«* Das gibt es einfach nicht, nämlich das typisch Niederländische, nach dem wir ihn gefragt hatten.

Die Kneipe, in der Henk, was für einen Niederländer selten ist, vor Fremden ins Sinnieren kommt, macht fast den Eindruck einer schummrigen Kaschemme. Doch der Eindruck täuscht. Die Kaschemme ist eine der so urgemütlichen Probierstuben in Amsterdam, die man in den Niederlanden *proeflokalen* nennt und in denen man den Genever im Stehen trinkt. Er wird randvoll in gar nicht so kleine Gläser eingeschenkt, die die Form einer länglichen Tulpenblüte haben. Randvoll ist stark untertrieben. Denn der Wirt schenkt die ölige Flüssigkeit solange ein, bis sie über dem Rand des Glases einen kleinen Hügel zu bilden scheint. Konvex nennt das die Physik. Aber an die Wissenschaft denkt hier keiner, höchstens an die Chemie, an die Chemie zwischen den Menschen. Denn das *proeflokaal* ist die gute Stube für ein Schwätzchen. Hier finden Traurige Trost, Nachdenkliche ein offenes Ohr, Alltags-Philosophen ihren Zuhörer.

Nirgendwo sonst auf der Welt gibt es solche Kanäle: Gracht mit Seerosen in Delft

»Wie kann es das typisch Niederländische geben«, fragt Henk, »wenn es nicht mal den typischen Niederländer gibt?« Und dann gibt er eine durchaus selbstkritische Redensart weiter: »Ein Holländer ist ein Theologe, zwei Holländer gründen eine Kirche, drei Holländer spalten sie.«

Soll also Eigensinn das typisch Niederländische sein? Das will ganz und gar nicht zu den Vorurteilen passen, mit denen der Reisende ins Land kommt. Käse und *klompen*, wie die hölzernen Schuhe heißen, Mühlen und *meisjes*, wie man die Mädchen mit ihren hübschen Spitzenhauben nennt,

Grachten und Gegend, die sich so weit zieht, wie das Auge reicht, Tulpen und ihre Zwiebeln, der Sturm und die Fluten, die dieser mit sich bringt, der *jonge* und der *oude* Genever, die gar nicht nach Jugend oder Alter unterschieden werden – das alles soll etwa nicht typisch Niederländisch oder Holländisch sein? Henk nickt mit dem Kopf: »*Jazeker!*« Doch freilich, das gebe es alles, aber es sei doch nur die eine Seite der Medaille. Und dann erzählt er von dem »Holländer Käse«, den die Touristen immer kaufen wollen und den es mit dieser Bezeichnung ja gar nicht gibt, von den Protestanten im Norden des Landes, die eher zur Schlichtheit neigen, von den Katholiken im Süden, die es durchaus verstehen, barock zu leben, und von den Friesen an der Küste vor Leeuwarden, die verächtlich ihren Kautabak ausspucken, wenn man sie Holländer nennt. Womit wir mitten in der Begriffsverwirrung sind, die einer Erklärung bedarf: Holland ist nicht Holland und doch wieder Holland.

Für die Menschen in den Niederlanden besteht das eigentliche Holland lediglich aus den Provinzen Noord- und Zuid-Holland. Das sind die beiden Provinzen an der Nordseeküste, in die jeden Sommer so viele Touristen kommen, daß für sie Holland das Synonym für die Niederlande geworden ist, zumal in diesen beiden dicht besiedelten Provinzen mit dem Welthafen Rotterdam, mit Amsterdam, der offiziellen Hauptstadt, und mit Den Haag, dem eigentlichen Regierungssitz und dem Sitz der Königin, auch die drei wichtigsten Städte des Landes liegen. Man bezeichnet diese Region auch als *randstad Holland*. Doch geographisch stellt Holland eben nur zwei von zwölf Provinzen der Niederlande. Die anderen heißen Groningen, Friesland, Drenthe, Overijssel, Flevoland, Gelderland, Utrecht, Noord-Brabant, Limburg und Zeeland.

Die zwölf Provinzen teilen sich 42000 Quadratkilometer Staatsgebiet, von denen 7350 Quadratkilometer Wasser sind. Das Strand- und Dünengebiet zur Nordsee hin ist 280 Kilometer lang und wird im Norden von den Westfriesischen Inseln Texel, Vlieland, Terschelling, Ameland und Schiermonnikoog gesäumt, die hauptsächlich vom Fremdenverkehr leben.

Das Wasser hat in der Geschichte der heutigen Niederlande immer eine entscheidende Rolle gespielt. Erste Ansiedlungen auf dem heutigen Staatsgebiet wurden schon im Jahre 5000 vor Christus verzeichnet. Bis zur häufig überfluteten Küste wagten sich die ersten Siedler schon ab dem zweiten Jahrtausend vor Christus vor. Das Wasser eindämmen konnten sie allerdings erst sehr viel später, denn noch 47 nach Christus notierte der römische Historiker Plinius der Ältere nach ausgedehnten Reisen bis hinauf in die heutigen Niederlande: »Der Ozean dringt mit gewaltiger Breite und mit unermeßlichen Wellen ins Land.« Und mit kindlichem Staunen ergänzte er: »Bei diesem ewigen Kampf im Naturgeschehen bezweifelt man, ob der Boden zur Küste oder zum Meer gehört.«

Etwa seit dem 14. Jahrhundert war die Geschichte der Niederlande auch eine Geschichte der Landgewinnung. Ehrgeizig trotzten die Menschen dem Wasser und dem Meer ihren Lebensraum ab, der auch heute noch in weiten Bereichen unterhalb des Meeresspiegels liegt und deshalb durch die beeindruckendsten Damm- und Deichbauten Europas gegen Überschwemmungen und Flutkatastrophen geschützt werden muß. Eine stolze Redensart im Volk lautet daher auch: »Gott schuf die Welt, die Niederländer haben Holland hinzugefügt.«

Die erste Phase im Kampf gegen jene mächtigen, alles mit sich reißenden Wassergewalten ist gekennzeichnet durch Anwesen, die auf hohen Erdhügeln errichtet wurden. Das was auf den norddeutschen Nordsee-Inseln Warft heißt, kann man heute noch in den nördlichen Provinzen Groningen und Friesland wiederfinden. Dort nennt man diese Wohnhügel allerdings *wurten* oder *terpen*. Schon bald verbanden die Niederländer ihre Hügel durch Wälle und schöpften überflüssiges Wasser mit Kübeln ab. Nach und nach legten sie so mooriges und sumpfiges Land hinter diesen frühen Deichen trocken und konnten es als Acker- oder Weideland nutzen.

Ab dem 17. Jahrhundert kamen die Besitzer niederländischer Handelsgesellschaften, die durch die Kauffahrerei auf den Weltmeeren reich geworden waren, auf die Idee, Binnengewässer wie Beemster-, Purmer-, Schermer- und Wormersee mit einiger Systematik trockenlegen zu lassen.

Zu dieser Zeit wurde auch die Technik der Windmühlen vervollkommnet, und zwar schuf man Mühlen, deren Windräder in den Sturm gerichtet werden konnten, der in allen Stärken und aus allen Richtungen stets über das Land fegte und fegt. An einer Mühle übertragen vier etwa 24 Meter lange Flügel die Windkraft über Zahnräder auf ein Wasserrad. Dieses schöpft überschüssiges Wasser in kleine Kanäle am Rande des trockenzulegenden Landstriches. Dort stehen wiederum Windmühlen, die das Wasser in einen nächstgrößeren Kanal befördern. Und das wird so lange fortgesetzt, bis das Wasser einen der großen Flüsse erreicht und ins Meer abfließen kann. Das derart trockengelegte Land nannten die Niederländer *polder*. Es gab eine Zeit, da standen über 10 000 Windmühlen im Land. Heute kann man sich über dieses sogenannte »Prinzip Polder« noch im nahe Rotterdam gelegenen Windmühlendorf Kinderdijk informieren. Dort stehen 18 Windmühlen in Reih und Glied hintereinander.

Da von See neu hereinbrechendes Wasser alle Trockenlegungsbemühungen zunichte machen würde, mußten die Niederlande Überlegungen anstellen, wie der Hochwasserschutz zu verbessern sei. So wurden die Deiche zum Meer hin verstärkt und immer weiter erhöht.

Das Schmuckstück des Landes in dieser Hinsicht ist sicherlich der Abschlußdeich des IJsselmeeres. Dieser *afsluitdijk* führt schnurgerade von Friesland nach Nord-Holland. Wer über den Deich fährt, sieht kein Land

Der monumentale Abschlußdeich trennt IJsselmeer und Nordsee

mehr und hat das Gefühl, mitten im Meer unterwegs zu sein. Anhalten darf man nur an einigen Ausweichstellen und auf einem riesigen Parkplatz genau in der Mitte des 30 Kilometer langen Deiches. Dort meißelten die Baumeister den Spruch in Stein: *Een volk dat leeft bouwt aan zijn toekomst* – ein lebendiges Volk baut an seiner Zukunft. Da ist er wieder, der Stolz der Niederländer.

Mit dem gleichen Stolz stehen die Menschen zu ihrer Staatsform. Es ist eine konstitutionelle Monarchie, und das derzeitige Staatsoberhaupt im *Koninkrijk der Nederlanden* ist Königin Beatrix Wilhelmina Armgard, Prinzessin von Oranien-Nassau und Lippe-Biesterfeld. Die Königin, die den Thron von ihrer Mutter Juliana übernahm, ist mit einem Deutschen, Claus von Amsberg, verheiratet, was nicht jeder Niederländer gern sah und sieht, weil das Verhältnis der Nachbarn seit der Besetzung des Landes durch die Truppen des nationalsozialistischen Dritten Reichs im Zweiten Weltkrieg bis heute getrübt erscheint.

Die Königin repräsentiert 14 Millionen »Untertanen«. Hinzu kommt ein nicht unerheblicher Ausländeranteil von einer halben Million Chinesen, Italiener, Türken und ethnischer Minderheiten aus den ehemaligen Kolonien Surinam, den Antillen, den Molukken und Indonesien. Damit, nämlich mit einer Pro-Quadratkilometer-Dichte von 422 Einwohnern, sind die Niederlande das dichtbevölkertste Land Europas.

Regiert wird das Land von den »Generalstaaten«, dem niederländischen Parlament. Es besteht aus zwei Kammern. Die »Provinzialstaaten«, das sind die Länderparlamente der Provinzen, wählen die Erste Kammer (etwa vergleichbar dem deutschen Bundesrat); die Zusammensetzung der Zweiten Kammer (etwa vergleichbar dem deutschen Bundestag) bestimmt das Volk selbst alle vier Jahre in Direktwahlen. Die gewählten Mitglieder der Zweiten Kammer bilden mehrheitlich und mit Hilfe eines von der Königin bestimmten »Informateurs« die Regierung. Auch die »Provinzialstaaten« werden direkt vom Volk gewählt; die Regierungen, die sie bilden, werden »Deputiertenstaaten« genannt.

Die Niederlande, die man auch bei Einhalten sämtlicher Geschwindigkeitsbegrenzungen von Ost nach West in zwei Stunden und von Nord nach Süd in maximal vier Stunden durchfahren kann, sind ein wichtiger Industriestaat, dessen bedeutendster Handelspartner der große östliche Nachbar Deutschland ist. Vor allem in der Elektronik- und in der Nahrungsmittelindustrie bestimmen multinationale Konzerne das Bild. Weitere Schlüsselindustrien sind das metallverarbeitende Gewerbe und die chemische Industrie, die nebenbei auch dafür gesorgt hat, daß ein anderer großer Erwerbszweig des Landes immer wieder in Verruf geraten ist, nämlich der Fremdenverkehr. Doch in Sachen Umweltschutz ist gerade in den vergangenen Jahren eine Menge getan worden, so daß sogar ehemals stark verunreinigte Gewässer an der Küste inzwischen wieder zum Baden einladen. Mehr noch als eine Industrienation sind die Niederlande immer eine Handelsnation gewesen. Handelserlöse machen auch heute noch mehr als die Hälfte des niederländischen Bruttosozialprodukts aus. Spitzenreiter unter den Exportgütern sind Erdöl, Erdgas, Chemieprodukte und selbstverständlich Lebensmittel, die zu einem nicht geringen Teil die eigene Landwirtschaft hervorbringt.

Landwirtschaftliche Schwergewichte sind, wie könnte es bei einem so satt-grünen Land anders sein, die Vieh- und Milchwirtschaft. Eine Zahl: Durchschnittlich 2,5 Millionen Milchkühe erzeugen jährlich 20 Milliarden Liter Milch. Daneben gibt es den Gartenbau mit der berühmten, auch für die Touristen so attraktiven Blumen- und Pflanzenzucht, mit den Obstkulturen, dem Kartoffel- und Zukkerrübenanbau. Allerdings verdienen nur noch zwei Prozent der erwerbstätigen Bevölkerung ihr Geld in der landwirtschaftlichen Produktion. Nurmehr ein Prozent arbeitet im einst so florierenden Fischereigewerbe. Das hängt selbstverständlich auch mit der Rationalisierung auf den Schiffen der Fischfangflotten zusammen.

Ein kleiner, aber feiner Erwerbszweig für die Niederlande ist immer noch der Kunst- und Antiquitätenhandel. Er führt uns zu dem, was neben Sonne, Sand und Strand die meisten Touristen ins Land holt: zu den Museen. Die Niederlande sind ohne Zweifel ein Reich der Kunst – auch wenn die Zeit der wichtigsten bildenden Künstler schon ein ganzes Stück zurückliegt. Die Niederlande haben fast 900 Museen. Sicher das wichtigste ist das *Rijksmuseum in Amsterdam* (siehe dort) mit den unschätzbar wertvollen Bildern eines Rembrandt van Rijn, eines Jan Vermeer, eines Frans Hals. »Das Rijksmuseum«, sagt Generaldirektor Levie, »verdankt seinen internationalen Ruf selbstverständlich in erster Linie den Spitzenwerken der niederländischen Malerei des 17. Jahrhunderts, die es in überwältigend großer Zahl besitzt und die das Interesse der Besucher aus aller Welt am stärksten erregen.«

Wie wahr! »Holland hat die schönsten Bilder«, soll der große Impressionist Vincent van Gogh wenige Wochen vor seinem Selbstmord im südfranzösischen Auvers-sur-Oise seinem Arzt Dr. Gachet gesagt haben. Für viele ist van Gogh der größte niederländische Maler aller Zeiten. Von seinem Gesamtwerk, vor dem heute Kunstfreunde aus aller Welt die Knie beugen, konnte er zu Lebzeiten nur ein einziges Bild verkaufen. In den Niederlanden finden sich gleich zwei unvergleichliche Van-Gogh-Museen: das *Rijksmuseum Vincent van Gogh in Amsterdam* und das *Rijksmuseum Kröller-Müller*, drei Kilometer östlich von Otterloo bei Arnhem.

Das letztere liegt im landschaftlich reizvollen ★ Nationalpark *Hoge Veluwe*, in dem sich auch die vielleicht noch nicht so sehr an Kunst interessierten Kinder vergnügen können. Womit wir bei einem wichtigen Pfund sind, mit dem die Niederlande wuchern können: Man hat ein großes Herz für kleine Besucher. Es gibt verwunschene Märchenparks mit Dampfeisenbahnen, Dünen- und Dinosaurierparks, Delphinarien, Afrika-Safaris, die erlebnisreichen und exotischen Center-Parcs für Badefreuden, und es gibt so zauberhafte Miniaturstädte wie das *Madurodam in Den Haag*, in dem die niederländische Stadtentwicklung en miniature gezeigt wird.

Auch wer dem kindlichen Staunen über Häuser, die kleiner sind als die staunenden Knirpse selbst, entwachsen ist, findet in den Niederlanden genügend Gastlichkeit: Jugendliche werden gleich mit einem stattlichen Angebot finanziell vergünstigter Angebote bedacht. Das beginnt bei 42 Jugendherbergen landesweit, geht über preiswerte Jugendhotels, sogenannte Sleep-ins und über Ermäßigungskarten für die Museen bis zu den Zugermäßigungskarten der Niederländischen Eisenbahnen. Sie heißen *Tienertoer-kaart*. Die »Teenager-Tourenkarte« berechtigt Jugendliche bis 19 Jahre, zu einem günstigen Festpreis vier Tage lang uneingeschränkt durch die Niederlande zu reisen.

Es gibt nicht wenige Jugendliche, die fahren – das darf man nicht verschweigen – auch deshalb in die Niederlande, weil es dort schon seit Jahren eine liberale Handhabung der Drogengesetze gibt. Der Besitz von leichtem Rauschgift wie Haschisch oder Marihuana zum eigenen Gebrauch ist zwar offiziell verboten, wird strafrechtlich jedoch nicht mehr verfolgt. So gibt es, etwa in Amsterdam, sogenannte Coffeeshops, in denen man zwar keinen Alkohol, dafür aber diesen »leichten« Stoff bekommt. Werben mit dem Stoff dürfen diese Treffs zwar nicht, aber die Adressen sprechen sich innerhalb der Szene schnell herum.

Daß der liberalere Umgang mit Drogen, etwa auch die staatlich sanktionierte Versorgung Heroinabhängiger mit der Ersatzdroge Methadon, auch zu Therapie-Erfolgen geführt hat, soll an dieser Stelle nicht verheimlicht werden. Gleichwohl gibt es immer noch ein erhebliches Potential an Drogen-Beschaffungskriminalität.

Überhaupt können die Niederländer mit der Steigerungsra-

Holzhäuser im Museumsdorf »Zaanse Schans« bei Amsterdam

te der Kriminalität im Lande nicht zufrieden sein. In einer jüngst veröffentlichten, vom Innen- und Justizministerium unterstützten Untersuchung des amerikanischen Forschungsinstitutes McKinsey heißt es, daß sich 83 Prozent aller Niederländer in ihrer häuslichen Umgebung nicht mehr sicher fühlten. »Es ist zu hoffen«, erklärte Pieter van Vollenhoven, ein Schwager von Königin Beatrix, bei der Präsentation dieses Untersuchungsberichts, »daß nun endlich eine Diskussion über die Sicherheit im Lande beginnt.«

Urlauber dagegen brauchen sich weniger zu fürchten, denn die Gewaltdelikte gegen Touristen sind als einzige zurückgegangen. Henk, den wir in dem netten *proeflokaal* in Amsterdam danach fragen, trinkt aus und vertreibt eventuelle Urlaubersorgen mit den Worten: »*Geen reden te diep in het glaasje te kijken.*« Kein Anlaß, sich zu betrinken. Beim Hinausgehen dreht Henk sich noch einmal um und entbietet uns seinen Gruß: »*Hartelijk welkom*«. Zwei Worte, die – wie so manches im Lande – nicht eigens übersetzt werden müssen.

Geschichtstabelle

3000–2000 v. Chr.
Auf dem Gebiet des heutigen Königreichs der Niederlande siedeln die ersten Menschen

500 v. Chr.–500 n. Chr.
Die Römer erreichen den Süden der heutigen Niederlande

700–1000 n. Chr.
Die fränkischen Karolinger erobern das Gebiet der heutigen Niederlande. Grafschaften und Herzogtümer lösen sich langsam aus dem Machtbereich des Heiligen Römischen Reiches

1024
Das Bistum Utrecht wird zum geistig-kulturellen Zentrum des nördlich von Rom gelegenen Raumes

1100
Erstmals wird die Eigenständigkeit der Grafschaft Holland erwähnt

1122
Mit der Gründung des Hanse-Bundes erlangen niederländische Städte an den Zuiderzee und an den Flußmündungen von Maas, Rhein und Schelde Bedeutung

1300–1400
Niederländische Kaufleute bestimmen in der Blüte der Hansezeit den Handel in der bekannten Welt

1433
Große Teile der Niederlande fallen an Burgund

1516
Die Habsburger erobern die Niederlande

1519
Durch Erbfolge übernimmt Karl V., Kaiser des Heiligen Römischen Reiches (»In meinem Reich geht die Sonne nicht unter«) die Herrschaft auch über die Niederlande

1523
In den Niederlanden erscheint eine Übersetzung der Bibel Martin Luthers. Seine Reformation, vor allem in der Fortentwicklung durch Calvin und Zwingli, findet schnell viele Anhänger

1566/67
Nach dem sogenannten Bildersturm auf katholische Kirchen in Flandern ernennt Philipp II., Sohn und Nachfolger Karls V., den Herzog von Alba zum Generalstatthalter in den 17 niederländischen Provinzen. Protestantische Aufstände werden blutig niedergeschlagen

1568
Der 80jährige niederländische Befreiungskrieg beginnt. Die Wilhelm von Oranien unterstützenden Adligen schließen sich zum Bund der Geusen zusammen

1576
Die »Genter Erklärung« schreibt die Religionsfreiheit für die Niederlande fest

1579
Mit der Gründung der Union von Utrecht durch sieben Provinzen wird die Unabhängigkeit der nördlichen Niederlande eingeleitet

1584
In Delft wird Wilhelm von Oranien ermordet

1588
Die sieben nordniederländischen Provinzen gründen die »Republik der Vereinigten Niederlande«, die verhältnismäßig schnell von England und Frankreich als souveräner Staat anerkannt werden (1596). Als Verbündete kämpfen alle drei Staaten gegen die Spanier

1602
In den Niederlanden wird die Ostindische Handelskompanie gegründet

1648
Der Westfälische Friede erkennt die nördlichen Niederlande endgültig als souveränen Staat an

1600–1700
Maler wie Rembrandt van Rijn (1606–1669), Frans Hals (1581–1666) und Vermeer van Delft (1632–1675) verschaffen der niederländischen Kunst Weltgeltung

1810
Frankreich annektiert die nördlichen Niederlande

1815
Wilhelm I. ernennt sich selbst zum König der gesamten Niederlande, kann sein Reich allerdings nicht zusammenhalten. Es zerbricht in das heutige Königreich der Niederlande und das heutige Belgien (1830)

1848
Die Niederlande geben sich eine Verfassung

1849–1852
Das Haarlemmermeer wird trockengelegt. Es ist die bis dahin größte bekannte Landgewinnung der Welt

1873–1876
Amsterdam und Rotterdam werden durch Kanäle mit der See verbunden; die Häfen erlangen besonders durch die fortschreitende Industrialisierung des deutschen Hinterlandes große Bedeutung

1920
Die Niederlande werden Mitglied des Völkerbundes; der internationale Gerichtshof tagt von nun an in Den Haag

1940
Hitlers Truppen besetzen die Niederlande

1945
Am 5. Mai kapitulieren die deutschen Generäle in den Niederlanden

1948
Königin Wilhelmina dankt ab; Juliana besteigt den Thron

1953
Eine mächtige Flutkatastrophe fordert 1835 Tote und sorgt für Milliardenschäden im Süden des Landes

1980
Königin Juliana dankt am 30. April, ihrem Geburtstag, ab. Am selben Tag besteigt ihre Tochter Beatrix den Thron

1986
Das umfangreiche Deichbauprogramm zum Schutz der Niederlande findet im Bau des Oosterscheldedamms seine Vollendung

Von Anne Frank bis zur Sprache

Ein paar interessante Informationen, mit denen man die Niederlande und ihre Bewohner besser verstehen kann

Anne Frank

Der Name Anne Frank ist auf der ganzen Welt zum Symbol geworden. »Das Tagebuch der Anne Frank«, 1946 erstmals erschienen, reflektiert die Gedanken eines 13jährigen Mädchens, das sich mit seiner deutsch-jüdischen Familie vor den Gestapo-Schergen des Dritten Reiches in einem Amsterdamer Hinterhaus verstecken muß. Das schmale Haus Nummer 263 an der Prinsengracht diente vom Juli 1942 an dem Zahnarzt van Dussel sowie den Familien Daan und Frank als Unterschlupf vor den deutschen Besatzern, die dann nach einer Denunziation am 4. August 1944 doch noch ins Haus eindrangen und die jüdischen Bewohner deportierten. Die 1929 geborene Anneliese Marie »Anne« Frank starb 1945 im Konzentrationslager Bergen-Belsen. Ihr Tagebuch hatten die Deutschen nicht entdeckt. Ihr Vater Otto Frank, der einzige Überlebende der Familie, erhielt die Kladde seiner Tochter mit den Briefen an eine imaginäre Freundin Kitty nach dem Krieg ausgehändigt und gab das erschütternde Dokument (»Wer hat zugelassen, daß wir so schrecklich leiden?«) zur Veröffentlichung frei. Das Haus aus dem 18. Jh. sollte in der Nachkriegszeit zunächst abgerissen werden. Doch der Besitzer, ein Textilfabrikant, stiftete es mitsamt dem Grundstück. Für den Erhalt und die Ausgestaltung des zentral gelegenen Hauses wurden innerhalb weniger Monate 350 000 Gulden gesammelt, und so konnte die Gedenkstätte »Anne Frank Huis« entstehen. Über zwei Treppen und einen Korridor gelangt der Besucher zu dem berühmten drehbaren Aktenschrank der Kräuterhandlung *Pectacon*, hinter dem sich das Versteck des verfolgten Mädchens befand. Eine Ausstellung unter dem Dach erzählt die Geschichte des Tagebuchs. *Das Haus ist wochentags von 9 bis 17 und sonntags von 10 bis 17 Uhr (Juni bis Aug. bis 19 Uhr) geöffnet, Eintritt 7 hfl., Prinsengracht 263*

Riesige Tulpenfelder, wie hier in Lisse, sind ebenfalls ein Wahrzeichen Hollands

Brücke von Arnhem

Die Brücke über den Rhein bei Arnhem (Arnheim) erlangte zum Ende des Zweiten Weltkriegs traurige Berühmtheit. Mit einer spektakulären Luftlandeaktion versuchten alliierte Truppen 1944, das Ende des Krieges zu beschleunigen. In der von Generalfeldmarschall Montgomery angeführten Aktion »Market Garden« sollten Luftlandetruppen die Rheinbrücke für den weiteren Vormarsch von Engländern und Amerikanern sichern. Das Unternehmen scheiterte; über 80 000 Soldaten verloren ihr Leben. Der amerikanische Schriftsteller Cornelius Ryan schrieb darüber seinen berühmten Roman »A Bridge Too Far«, den der englische Regisseur Richard Attenborough im Jahr 1977 mit Weltstars wie Dirk Bogarde, Sean Connery, James Caan und dem Deutschen Hardy Krüger verfilmte.

Cees Nooteboom

»Du brauchst mir nicht mehr zu winken, ich komme schon. Keiner der anderen wird meine Geschichte hören, keiner von ihnen wird sehen, daß die Frau, die da sitzt und auf mich wartet, das Gesicht meiner allerliebsten Kriton hat, des Mädchens, das meine Schülerin war, so jung, daß man mit ihr über die Unsterblichkeit sprechen konnte. Und dann erzählte ich ihr, dann erzählte ich dir die folgende Geschichte.« So rätselhaft endet die Erzählung »Die folgende Geschichte«, die den Niederländer Cees Nooteboom 1991 auch international zum Bestseller-Autor machte. Der 1933 in Den Haag geborene und heute in Amsterdam lebende Schriftsteller ist viel gereist und hat sich stets einen kritischen Blick auf sein Heimatland und die mit ihm dort lebenden Menschen bewahrt. Diese Distanz zeigt sich in einem Satz wie dem folgenden: »Wer überzeugt ist, die Welt besser zu kennen, als die Welt sich selbst kennt, der ist Niederländer.«

CenterParcs

Ein ganzes Netz von subtropischen Urlaubsparks überzieht die Niederlande. Das Unterneh-

CenterParc »De Eemhof« in Flevoland

men heißt *CenterParcs – uw subtropisch vakantieparadijs.* Dahinter verbergen sich Ferienzentren in landschaftlich schön gelegenen Parks mit Bungalows zum Wohnen, Freisportanlagen, überdachten Badelandschaften mit Wildwasserrutschen und Sprudelgrotten sowie überdachte Parc-Plazas mit exotischen Tieren und Pflanzen. Die CenterParcs sind: *De Huttenheugte* bei Dalen unweit der deutsch-niederländischen Grenze, nordwestlich von Nordhorn; *De Eemhof* bei Zeewolde auf Hollands größtem Polder Flevoland zwischen Zwolle und Amsterdam; *De Berkenhorst* bei Kootwijk ganz in der Nähe der Stadt Apeldoorn; *Het Heijderbos* bei Heijen südlich von Nijmegen (Nimwegen) an der Maas; *Het Meerdal* bei dem Dorf America in der Nähe der Ausfahrt Velden an der Autobahn Duisburg–Eindhoven; *De Lommerbergen* bei Reuver südlich von Venlo; *Het Vennenbos* bei Hapert südwestlich von Eindhoven sowie *De Kempervennen* bei Westhoven, 20 km westlich von Hapert. Deutschsprachiges Informationsmaterial mit den Buchungsmöglichkeiten (zwischen April und Mitte Juli gibt es besondere Preisermäßigungen) kann man bei *CenterParcs, Hohenstaufenring 78, 50674 Köln* anfordern. Wer sich in den Niederlanden informieren möchte, kann unter der Nummer *06-03 00* kostenlos anrufen. *Der Anschluß ist werktags von 8.45–22 und an Wochenenden von 10–15 Uhr besetzt.*

Diamanten

Die Diamantenverarbeitung hat in den Niederlanden seit den legendären Koggen der Ostindien-

Amsterdamer Diamanten sind noch immer weltweit für ihren erstklassigen Schliff berühmt

und Westindienfahrer Tradition. Heute werden zu 90 Prozent Industrie- und nur noch zu 10 Prozent Schmuckdiamanten verarbeitet. Das Zentrum der niederländischen Diamantenschleifer, die aus den Roh-Edelsteinen funkelnde Brillanten machen, ist Amsterdam. In drei ständigen Ausstellungen kann man sich während der üblichen Ladenöffnungszeiten über die Geschichte des Handwerks informieren. Zu finden sind sie im *Amsterdam Diamond-Center (Rokin 1–5)*, im *Gassan Diamond House (Nieuwe Uilenburgstraat 173–175)* und bei *Coster Diamonds (Paulus Potterstraat 2)*, wo man mit dem »Schwarzen Rembrandt« den härtesten Stein der Welt findet.

Erasmus von Rotterdam

Der Gelehrte Erasmus Desiderius, der eigentlich Gerhard Gerhards hieß, gilt heute als einer der bedeutendsten Humanisten. Er wurde am 28. Oktober 1466 oder 1469 in Rotterdam geboren und starb am 12. Juli 1536 in Basel. Der Gelehrte ist Mitbegründer der neuzeitlichen Philologie.

Mit Ernst und Spott schrieb er gegen eingewurzelte Irrtümer und für vernünftige Anschauungen. Er bekämpfte kirchliche Mißstände, wetterte gegen eine Veräußerlichung der Religion und geißelte den Dogmenzwang. Zunächst der protestantischen Reformation zugetan, wandte sich Erasmus von Martin Luther ab, weil er glaubte, daß dieser sich gegen die Kirche stellte. Seit 1958 verleiht Prinz Bernhard der Niederlande einmal jährlich den mit 100 000 Gulden dotierten Erasmuspreis »Praemium Erasmianum«. Mit diesem Preis werden herausragende Leistungen auf kulturellem oder sozialem Gebiet im Rahmen der Europäischen Gemeinschaft gewürdigt.

Fauna

Das Umweltbewußtsein vieler Niederländer hat dafür gesorgt, daß manche Tiere, die schon ausgestorben schienen, wieder heimisch wurden. So werden zum Beispiel im flachen Marschland wieder Weißdornhecken angepflanzt, in denen Singvögel nisten und kleine Nagetiere hausen können. Im Bereich der Nordsee-Dünen haben Vogelschützer über 300 Vogelarten gezählt, unter anderem auch so seltene Vögel wie Schwarzspechte und Blaue Reiher. In Friesland leben wieder Biber; Otter konnten nicht wieder heimisch werden. Dafür steigt im Wattenmeer aber wieder die Zahl der Seehunde. An Land sind Damhirsch und Kaninchen zurückgekehrt; Wolf und Elch dagegen bleiben verschwunden. Und selbstverständlich gibt es jede Menge Fisch: Die Niederlande sind ein Paradies für Angler. Man kann dies in den ruhigen Gewässern des Landesinneren oder auch an und auf der Nordsee tun. Hecht und Karpfen, Butt und Scholle, Aal und Kabeljau, Merlan, Makrele und die dünne Kliesche sind die Beute. Im Sommer in der Oosterschelde kommt es bisweilen sogar vor, daß ein Angler einen kleinen Hai oder einen Pfeilschwanzrochen an Bord seines Bootes zieht. Beim Angeln auf Raubfische oder mit mehr als einer Angel braucht der Tourist eine sogenannte »Fischkarte« als Genehmigung. *Man bekommt sie für 12,50 hfl. an jedem der 5000 niederländischen Postämter.* Sie ist für das gesamte Kalenderjahr gültig.

Flora

Ein Blick auf den Namen verwirrt: Holland, das sogenannte Holzland (niederländisch: *houteland*), war noch im Mittelalter von riesigen Wäldern bewachsen. Heute kommen Naturschützer beim Zählen gerade noch auf einen 400 Quadratkilometer großen natürlichen Waldbestand. Der Rest ist im Laufe der Jahrhunderte für den Häuser- und Schiffsbau gerodet worden. Auf dem durch Trockenlegung gewonnenen Marschland wurden nur Felder für den Akkerbau angelegt. Trotzdem sind die Niederlande ein Land der Blüten und Pflanzen; sie bestimmen den Jahreskreis im Lande. Im Frühjahr verwandelt sich der Westen in ein einziges Blumenmeer. Im Gebiet zwischen Leiden und Haarlem rund um die Orte Lisse, Hillegom, Rijnsburg, Sassenheim, Voorhout, Warmond, Katwijk, Noordwijk, Noordwijkerhout, De Zilk, Vogelenzang und Bennebroek bilden die Blumenfelder einen einzigen riesigen Blütenteppich. Das bekanneste Ziel ist dann der Keukenhof bei Lisse. Im Mai blüht der Raps auf großen Feldern, und im Juni leuchtet der Rhododendron in den Schloßgärten von Utrecht und Den Haag in den schönsten Farben. Mit dem Sommer kommen die Rosen. Allein im Den Haager Westbroek Park stehen 20 000 in der Blüte. Im Herbst kommt die Zeit der Chrysanthemen. Auch im Winter verzichtet kein Niederländer auf frische Blumen. Sie kommen täglich zu Hunderttausenden aus den Gewächshäusern. Dazu gibt es in rund 100 Städten und Gemeinden des Landes botanische Gärten, die größten sind der Hortus Botanicus der Universität in Amsterdam sowie die Versuchsgärten für Schnitt- und Zwiebelblumen in Rijnsburg. Blumenmärkte, auf denen der Reisende sich mit Frischblumen und Grünpflanzen, aber auch mit Zwiebeln und Samen versorgen kann, gibt es in fast allen Orten. Die quirligsten und buntesten findet man in *Amsterdam am Singel (Mo–Sa 9–17 Uhr)*, in *Groningen (Do–Sa 9–16 Uhr)*, in *Amstelveld (Mo 9–18 Uhr)*, in *Utrecht am Janskerkhof (Sa 7–16 Uhr)* und in *Haarlem (in den Sommermonaten Sa 9–17 Uhr)*.

Genever

Ein Schnäpschen in Ehren will auch in den Niederlanden niemand verwehren – und meistens wird das dann ein Genever, der auch Jenever geschrieben werden kann. Im Lande unterscheide man zwischen *jonge* und *oude* Genever, was nicht jungen und alten, sondern zwei unterschiedliche Arten von Schnaps bezeichnet. »Jonge Genever« ist ein stark mit Korn-Branntwein verschnittener Wacholderschnaps, »Oude Genever« ein reiner, mit Karamel veredelter Wacholder, der, wenn er denn wirklich alt, also im Holzfaß gelagert ist, so teuer sein kann wie guter Cognac. Für den *borrel* oder das *borreltje*, wie der kleine Genever zwischendurch bezeichnet wird, haben die Niederländer fast soviel liebevolle Kosenamen wie der Tag Stunden hat: *Hassebassie, Kelltje, Oortje, Pikketanussie, Spatje, Hemdje licht op, Recht-op-en-neer*...

Klima

Die beste Reisezeit für die Niederlande ist der Sommer, denn zwischen Mai und September gibt es viele warme und trockene Sonnentage. Im Frühjahr regnet es dagegen häufig. Auch im Herbst mit seinen Stürmen, die vom Meer kommen, kann es schon schnell ungemütlich werden. Die Winter sind naßkalt und nicht immer so schneereich wie es die berühmten Winterbilder Brueghels glauben machen.

Malerei

Bis in das Mittelalter reicht die Tradition niederländischer Malerei zurück. Die Gebrüder van Eyck – ihr berühmter Genter Altar wurde 1432 fertiggestellt – begründeten die Epoche der altniederländischen Malerei, die mit den gespenstischen Bildern von Hieronymus Bosch ein Ende fand. Meister aus Italien bestimmten dann im 16. Jh. den Romanismus, an dessen Ende Pieter Brueghel der Ältere seine Landschaftsbilder und Bau-

Das Rijksmuseum beherbergt die größte Kunstsammlung des Landes

ernszenen mit genialer Ursprünglichkeit malte. Niederländische Maler wie Frans Hals und Jan Vermeer wandten sich später immer mehr von den religiösen und mythischen Themen ihrer Vorgänger ab und erfaßten stattdessen die sie umgebende Wirklichkeit. Sie alle überragte Rembrandt van Rijn, dessen weltberühmte geheimnisumwobene »Nachtwache« der Magnet im Rijksmuseum von Amsterdam ist. Nach weniger bedeutenden Malern im 18. Jh. ist für das 19. Jh. selbstverständlich Vincent van Gogh zu nennen, auch wenn er seine Kunst eigentlich erst in Südfrankreich vervollkommnete. Im 20. Jh. war es schließlich Piet Mondrian mit seinen ungegenständlichen Bildkonstruktionen, der der niederländischen Malerei noch einmal zur Weltgeltung verhalf.

Radfahren

Die Zahlen überzeugen: Auf einem 14 500 Kilometer langen Netz von Radwegen fahren 15 Millionen Niederländer auf 11 Millionen Rädern jährlich 12,6 Milliarden Kilometer weit. Holland ist ein Radfahrerland – auch für Touristen. Das Niederländische Büro für Tourismus gibt alljährlich einen eigenen Führer mit zu empfehlenden Routen heraus. In allen Orten gibt es Fahrradverleihstellen. Wer allerdings sein eigenes Rad mit auf die Reise nimmt, sollte beachten, daß es nach dem niederländischen Gesetz wie folgt ausgerüstet sein muß: gute Lenkung, gut hörbare Klingel, Beleuchtung vorne und hinten, weißes oder gelbes hinteres Schutzblech, mindestens 30 cm lang, gute Bremsen, Reflektoren am Gepäckträger, reflektierende Pedale und Reflektoren zwischen den Speichen. Von den Sonderverkehrsregeln für Radfahrer ist eine besonders angenehm: Fahrradfahrer dürfen zu zweit nebeneinander fahren, wenn sie den übrigen Verkehr nicht behindern (im Auto darf man schließlich auch nebeneinander sitzen).

Es ist unbedingt zu empfehlen, das Fahrrad nicht nur ab-, sondern auch irgendwo anzuschließen, auch wenn man nur eine kleine Besorgung machen oder eine Erkundigung einziehen will. Denn die radbegeisterten Niederländer können noch eine andere prächtige Zahl vorweisen: Jährlich werden in den Niederlanden Fahrräder im Gesamtwert von rund 150 Millionen Mark gestohlen.

Randstadt Holland

»Gesellschaft« heißt auf niederländisch *samenleving* , und vom Zusammenleben verstehen die Niederländer etwas, selbst wenn es auf kleinem Raum stattfinden muß. Besonders dicht drängen sich Menschen und Industrie in der Randstadt Holland, dem größten Ballungsgebiet des Landes. Dieses erstreckt sich von der Landesmitte (Utrecht) nordwestlich nach Amsterdam, dann an der Küste entlang südwärts über Leiden und Den Haag nach Rotterdam und wieder ein Stück ostwärts bis nach Dordrecht. Die Randstadt bildet somit einen Halbkreis, der zu einer einzigen, großen Stadtregion zusammengewachsen ist, dabei aber ein ansonsten ländlich gebliebenes Gebiet umschließt; daher der Name. Die Region macht ungefähr ein Zehntel der Gesamtoberfläche der Niederlande aus, doch wohnt und arbeitet hier rund die Hälfte der Bevölkerung. *Samenleving* auf engem Raum also, aber immer am Rand. Der Vorteil nämlich – etwa zum Ruhrgebiet – ist, daß man es von keinem Ort aus weit bis zur Natur hat: Man ist immer sehr schnell entweder im Grünen oder an der See.

Sprache

Rund 25 Millionen Menschen auf der Welt sprechen heute Niederländisch. Die Sprache hat sich seit dem 12. Jh. eigenständig entwickelt. Und ist weder eine Halskrankheit noch ein Dialekt des Deutschen. Wer das dennoch meint und gleich auf Deutsch loslegt, kann leicht ein ungerührtes *»Sorry, ik versta u niet«* zur Antwort bekommen. Die Nähe beider Sprachen und die Vielsprachigkeit der Niederländer wird jedoch meistens das Verstehen erleichtern, besonders wenn Sie Ihre Rede wie folgt einleiten:

goede morgen – guten Morgen
goede middag – guten Tag
goeden avond – guten Abend
wel te rusten – gute Nacht
Hoe gaat het met u? – Wie geht es Ihnen?
Kunt u mij zeggen? – Können Sie mir sagen?
Hoe laat is het? – Wie spät ist es?
Waar is? – Wo ist?
Heeft u? – Haben Sie?
Hoeveel is dat? – Was kostet das?
Ik wou – ich möchte
Ik zoek – ich suche
dank u wel – danke
astublieft – bitte
De rekening, astublieft! – Zahlen, bitte!
ja – ja
nee – nein
graag – gern
leuk – nett
mooi – schön
belangrijk – wichtig
fiets – Fahrrad
tram – Straßenbahn
station – Bahnhof
postkantoor – Postamt
ziekenhuis – Krankenhaus
krant – Zeitung
tijdschrift – Zeitschrift
tot ziens – Auf Wiedersehen

Ein Häppchen zwischendurch

Alles Käse? Weit gefehlt! Die Niederlande haben kulinarisch mehr zu bieten als die weltbekannten Milchprodukte aus Edam, Gouda und Leerdam

Selbstverständlich hat es immer etwas mit dem eigenen Geschmack zu tun, über den sich bekanntermaßen vortrefflich (nicht) streiten läßt, wie man sich an das Genießen in einem anderen Land herantastet. Trotzdem sei behauptet: Das schönste Essen in den Niederlanden ist, sich ein Stück frühlingsfrischen Gouda auf der Zunge zergehen zu lassen. Also doch: alles Käse?

Käse

In diesem Fall: ja! Der Frühlings- oder Mai-Gouda *(graskaas)* ist ein ganz besonderer Genuß. Er wird aus der ersten Milch gemacht, die die Kühe geben, wenn sie nach der langen Winterpause im Stall wieder auf die frühlingssatten Weiden getrieben worden sind. Man bekommt ihn also nur zwischen Ende Mai und Mitte Juni. Den zarten Geschmack dieses Käses werden Sie lange auf der Zunge haben. Er ist der Beweis für die Meisterschaft der Niederländer im Käsemachen.

Der Hering hat Holland groß gemacht

Überall im Land gibt es sie noch, die Käsebauernhöfe. Man erkennt sie an dem Aushängeschild *kaasboerderij*. Wer höflich fragt, darf sicher beim Käsemachen ein wenig zuschauen. Bei manchen Käsebauern darf man nach vorheriger Anmeldung sogar versuchen, selber mitzumachen. Das Käsemachen ist schneller erzählt als betrieben: Durch ständiges Rühren eines Gemischs aus Milch und *stremsel*, einem Gerinnungsmittel aus dem Magensaft von Kälbern, entsteht bei 28 bis 37 Grad Celsius eine sich verfestigende Masse, die durch Milchsäurebakterien weiter gebunden wird. Der Käsebrei wird dann in der gewünschten Größe und Menge in Bottichen so lange gepreßt, wie der Reifungsprozeß vorgesehen ist. Anschließend lagert man den Käse auf dem Holzregal. Die Niederländer unterscheiden nach dem Alter sechs Käsequalifikationen:

Jong muß mindestens vier Wochen gelagert sein, *jong belegen* mindestens acht Wochen, *belegen* mindestens vier Monate, *extra belegen* mindestens sieben Monate, *oud* mindestens zehn Monate und *overjarig* mindestens zwölf Monate.

Wie alt der Käse sein und wo er herkommen soll, ist nun wirklich Geschmackssache. Da gibt es Edamer und Maasdamer, Leerdamer und Kernheimer, Leidener und Amsterdamer, Gouda und Maasländer und noch ein paar Dutzend andere Käsesorten, denn jede der kleinen *kaasboerderijen* macht ihren eigenen »Holländer Käse«, wie man ihn an der heimischen Käsetheke bisweilen so achtlos bestellt. Den aufregendsten Genuß aber verspricht immer wieder, und das nur wenige Wochen im Jahr, der jungfräuliche Frühlingsgouda im Mai.

Matjes

Apropos Jungfräulichkeit! Der Matjes, in niederländisch: *nieuwe haring*, ist ein jungfräulicher Hering, also ein Hering, der vor seiner Zubereitung zum Verzehr noch nicht gelaicht hat und weder Rogen noch Milch hatte. An Hollands Westküste zwischen IJmuiden im Norden und Den Haags Hafen Scheveningen im Süden ist dieser Hering seit über 400 Jahren eine Spezialität. Mit einem Volksfest werden die Heringslogger an einem Samstag im Mai, der *vlaggetjesdag* heißt, weil die flachen Boote über die Toppen geflaggt sind, für ihre Fangfahrt verabschiedet.

Der echte holländische Matjes wird zwischen Ende Mai und Ende Juli gefangen. Der Fisch darf nicht älter als drei Jahre sein. Er muß noch an Bord des Heringsfängers gekehlt werden (die Niederländer sagen *gekaakt*). Beim Kehlen wird der Hering an den Kiemen eingeschnitten. Mit einem Griff werden seine Innereien, bis auf den Magen, den man zum Fermentieren braucht, entfernt. Die ausgenommenen Heringe werden in Fässern zwischen Schichten von Salinensalz (kein Meersalz) eingelegt und reifen dann mindestens zwölf Stunden. An Land kommen sie alsbald in Fünf-Kilo-Eimer und werden mit einer Salzlake bedeckt. Danach müssen sie – das verlangt seit 1968 das Gesetz, weil lebende Nematoden im Fisch verhindert werden sollen – schockgefrostet werden. Nach dem Auftauen reifen die Heringe noch einmal drei bis vier Tage. Der echte holländische Matjes hat dann eine blanke, silberfarbene Haut, sahnefarbenes, zartes Fleisch; er darf keine Gräten, Schuppen und kein Blut mehr zeigen; und er soll mild und leicht salzig im Geschmack sein. So nimmt ihn dann der Matjesfreund an der Fischbude zwischen Daumen und Zeigefinger am Schwanz, legt den Kopf zurück und beißt in den baumelnden *nieuwe haring*. Er kann ihn auch zwischen die Klappen eines süßen Milchbrötchens auf eine Schicht aus rohen Zwiebeln legen. In jedem Fall ist der Matjes für die Niederländer ein kleiner Imbiß, denn sie lieben die Häppchen zwischendurch.

Borrelhapje

Manchmal hat man das Gefühl, die Niederländer würden mit den drei Mahlzeiten am Tag, mit dem *ontbijt* (Frühstück), dem *lunch* (Mittagessen) und dem *avondeten* (Abendessen) nicht auskommen. Zu sehr lieben sie es, ähnlich wie die Spanier ihre

Tapas, zwischendurch einen Happen zu essen. Genannt wird er *borrelhapje*, was eigentlich der Bissen zum Schnaps ist, auf den die Niederländer ja auch nur ungern verzichten (allerdings bleibt es tagsüber immer bei einem oder höchstens zweien). Beliebte *borrelhapjes* sind Kroketten und Bitterballen. In beiden Fällen ist es gehacktes Kalbfleisch in Panade knusprig ausgebacken. Sie fehlen in keiner Kneipe und unterscheiden sich nur in der Form: Kroketten sind länglich, Bitterballen rund. Mit einem Klecks Senf ißt man sie auch gern zum Bier.

Eine berühmte Zwischenmahlzeit für Schleckermäuler sind die *poffertjes*, jene kleinen, fettgebackenen Pfannküchlein. Sie werden in gußeisernen Mulden ausgebacken, mit Puderzukker überstäubt und meist mit einem Schuß Likör aromatisiert. Eine Köstlichkeit, an der man nur schwer vorbeigehen kann!

Essen

Vielleicht gerade weil es so einiges zum Schlemmen zwischendurch gibt, fällt das Mittagessen in den Niederlanden meist klein aus. Zum Lunch begnügt man sich oft schon mit einem *broodje half om*. Das ist eine mit gekochter Leber, mit gebratenem Fisch oder Fleisch belegte Brötchen-Hälfte. Auch eine Tasse der berühmten grünen Erbsensuppe *(erwtensoep)* kann beim Lunch

Straßencafé auf dem Marktplatz in Haarlem

ausreichend sein – besonders dann, wenn sie mit *rookworst*, der geräucherten Mettwurst verfeinert ist. Auf der Schiefertafel, mit der noch viele Gasthäuser ihr Mittagsangebot anpreisen, steht dann *snert*.

Das Frühstück dagegen fällt meist reichhaltiger aus als anderenorts: Zu einem bunten Brotkorb, unter anderem mit Zwieback und dem traditionellen Honigkuchen, gibt es eine Aufschnittplatte, Käse und eine reichhaltige Mischung süßen Brotbelags, darunter auch bunte Zuckerstreusel und Schokoladeraspeln.

Zum Abendessen werden mehrere Gänge zelebriert. In den klassischen Gasthäusern gibt es *voorgerecht* (Vorspeise), *hoofdgerecht* (Hauptspeise) und *nagerecht* oder *toetje* (Dessert).

»Selbstverständlich gibt es frischen Fisch in den Niederlanden«, verspricht das Niederländische Büro für Touristik in seinem Hauptprospekt und verschweigt, daß Fisch im Land der Fischer nicht eben preiswert ist.

Die teuersten Restaurants, die allerdings auch hohen Ansprüchen genügen, gehören zu den Ketten »Alliance Gastronomique Néerlandaise« und »Relais du Centre«. Wer nicht in erster Linie die französische Haute Cuisine, sondern eher typische niederländische Kost sucht, ist mit den 175 Restaurants gut bedient, die in der Eingangstür das blauweiße Emblem *Neerlands Dis* haben. Für den schmalen Geldbeutel halten über 600 mit dem Wort »Tourist-Menu« gekennzeichnete Gasthäuser ein Drei-Gänge-Menü bereit, das 21,50 hfl. kostet.

Mit Leichtigkeit auf acht oder zehn Gänge kommen Sie in asiatischen Restaurants, für die die Niederlande berühmt sind. Amsterdam gilt sogar als die Stadt der besten Asien-Küche außerhalb Asiens.

Man findet – der Schärfe nach abgestuft – thailändische, indonesische, chinesische (die südliche Küche ist schärfer als die nördliche), vietnamesische und japanische Restaurants. Und fast überall gibt es Reistafeln, für die Sie viel Zeit mitbringen sollten.

Trinken

Zur Schärfe Asiens paßt am besten ein kühles Bier. Überhaupt sind die Niederländer eher Biertrinker. Heineken, die größte Exportbrauerei der Welt, liefert den bekanntesten Gerstensaft. Aber es gibt auch immer mehr kleine limburgische und brabantische Brauereien, die sich allerdings auch der Konkurrenz der vielen genüßlichen Sorten aus dem bierreichen Belgien stellen müssen. Zum Bier gibt's häufig einen Genever, von dem ja schon ausführlich die Rede war.

Bleibt anzumerken, daß die niederländischen Gastwirte ein gesundes Selbstbewußtsein haben. Der Reisende sollte dies nicht durch nörgelnde Pingeligkeit auf die Probe stellen. Er sollte an einen Spruch denken, den man fein säuberlich gemalt in manchen Kneipen findet: *»De tweede die klachten heeft, wordt doodgeschoten – de eerste klacht hebben wij al gehad.«* Auch, wenn Sie es schon ahnen, die Übersetzung: »Der mit der zweiten Beschwerde wird erschossen – die erste haben wir schon gehabt.« Na denn *proost*.

Schnäppchen im »winkeltje«

Nicht jeder »echte klompen« ist tatsächlich ein typischer handgeschnitzter Holzschuh

Sie haben große blaue Kulleraugen, blondes langes Haar, das zu Zöpfen geflochten ist, ein weißes Käppchen auf dem Kopf und klitzekleine Holzschuhe an den Füßen: die echten Meisje-Puppen aus dem Andenkenladen für die Anrichte daheim. Angetreten zum Einstauben! Denn wie vieler Souvenir-Tand sind die puppigen Meisjes nichts anderes als überflüssig – und zudem noch teuer. Die gerade mal handhohe Puppe mit – so wird behauptet – handgemachter Holland-Tracht kostet schlappe 30 Gulden. Und sie ist so unecht wie fast alles im modernen Devotionalien-Handel für erinnerungsselige Touristen: Die »handgeschnitzten« Holzschuhe kommen aus der Maschine, die »handbemalten« Delfter Kacheln vom Fließband. Lassen Sie die Finger davon, auch wenn selbst in kleinen Dörfern im ganzen Lande ein *souvenirwinkeltje*, ein Andenken-Kiosk, lockt.

Betreten Sie genau dort auf dem Lande lieber einen der gewöhnlichen kleinen *winkeltjes*. Das sind Gemischtwarenläden, die ihren Namen wirklich noch verdient haben. Hier gibt es fast alles für das tägliche Leben und immer noch ein bißchen mehr: zum Beispiel Antiquarisches.

Antiquitäten – besonders Bücher, Landkarten, Schmuck – gibt es viel in den Niederlanden. Überall locken Flohmärkte, die gerade für den Reisenden interessant sind, weil das Angebot abwechslungsreicher als in der Heimat ist. Allerdings ist Vorsicht geboten. Die Niederländer sind, um es nett zu sagen, sehr beredt, wenn es um den Handel geht. Es kann vorkommen, daß ein Trödler Ihnen einen drittklassigen Ölschinken als echtes Bild aus der Schule von Rembrandt van Rijn aufzuschwatzen versucht. Solche Schnäppchen gibt es leider längst nicht mehr.

Seriöser, aber auch im Schnitt teurer geht es auf den zahlreichen Antikmessen zu. Die wichtigsten finden um Ostern in Breda, im Oktober in Delft und in der Vorweihnachtszeit in Den Haag statt.

Aber zurück in eines der *winkeltjes*! Denn das, was der Niederländer für den Hausgebrauch einkauft, kann durchaus auch als

Blumenzwiebelverkäuferin im limburgischen Maastricht

Reisemitbringsel taugen. Zum Beispiel Käse, den es in vielen Sorten und Reifestufen gibt (siehe Stichworte). Scheuen Sie auch vor einer größeren Menge nicht zurück. Junger Gouda etwa hält sich bei sachgerechter Lagerung an einem dunklen und kühlen Ort mehrere Wochen.

Ein ebenfalls schmackhaftes Andenken ist der Wacholderschnaps Genever, den es in allen Preisklassen gibt (siehe Stichworte). Seit 1993 schrecken ja auch keine kleinlichen Zollbestimmungen mehr (siehe Praktische Hinweise).

Beliebtes Souvenir aus den Niederlanden ist zudem alles, was sprießt und blüht. Blumenzwiebeln und Küchenkräuter, Gartensamen und Topfpflanzen – Natur aus Holland ist vor Ort wesentlich preiswerter als in der Heimat. Außerdem sind die vielen Blumenmärkte in den großen und kleinen Städten schon allein wegen des Erlebens einen Spaziergang wert.

Ein teures Vergnügen kann es werden, wenn Sie sich entschließen, das Ergebnis einer weiteren niederländischen Spezialität mit nach Hause zu nehmen: einen Brillanten. Wie wenige auf der Welt verstehen sich Niederländer auf das Schleifen von Diamanten (siehe Stichworte). In Amsterdam, dem Zentrum der Diamantschleifer, kann man funkelnde Klunker ab 300 Gulden bekommen.

Mindestens 100 Gulden muß auf den Tisch legen, wer wirklich echte, handbemalte Delfter Kacheln kaufen möchte. Außer dem klassischen und weltbekannten Delfter Blau gibt es auch andersfarbige Fayencen,

Echte Delfter Fayencen werden noch in drei Manufakturen hergestellt

deren Anfertigung man ebenfalls besichtigen kann (siehe Den Haag/Ziele in der Umgebung).

Die Geschäfte öffnen meistens um 9 und schließen um 18, am Samstag um 16 oder 17 Uhr. Tabakläden haben meist bis 19 Uhr geöffnet. In den größeren Städten bleiben die Geschäfte am Montag häufig bis 13 Uhr geschlossen.

Einmal in der Woche gibt es im ganzen Land den *koopavond*, einen langen Einkaufstag, an dem die Geschäfte bis 21 Uhr geöffnet haben. Die Städte und Gemeinden können den Abend selbst festlegen; in den Großstädten hat man sich auf den Donnerstag als verkaufsoffenen Abend geeinigt. Wenn Sie über Land fahren, achten Sie darauf, daß Sie genügend Gulden bei sich haben. Denn in kleinen Gemeinden akzeptieren die Ladenbesitzer nicht immer Eurocheques und schon gar keine Kreditkarten. An der Grenze zu Deutschland können Sie häufig statt mit Gulden mit Mark zahlen – allerdings zu Ihrem Nachteil, denn abgerechnet wird 1:1.

Wenn Sinterklaas den Spott bringt

Tradition, Nationalstolz und vor allem die Natur bestimmen, wann und wo es in den Niederlanden einen Grund zum Feiern gibt

Ob es ein Beweis für Königstreue ist? Die Niederländer feiern alljährlich am ★ 30. April den *Koninginnedag* als nationalen Feiertag. Es soll der Geburtstag der Königin bejubelt werden, aber in Wirklichkeit ist es seit der Inthronisierung von Königin Beatrix im Jahre 1980 der Geburtstag von Königinmutter Juliana. Der Jubel ist gleichwohl geblieben. Freimärkte finden statt, auf denen – einer jungen Tradition seit 1949 folgend – Kinder ihr nicht mehr benötigtes Spielzeug anbieten.

Längst haben sich selbstverständlich auch Erwachsene mit Ständen in das Flohmarkt-Treiben eingemischt. Der längste befindet sich im Amsterdamer Vondelpark.

Der ★ ❂ Amsterdamer Freimarkt am Tag der Königin ist der schönste von allen im Lande, weil es vor der herrlichen Kulisse des Grachtenviertels immer noch fröhliche Ausgelassenheit mit viel Straßenmusik und Freudentänzen gibt. Eine alte Tradition erfüllt sich hier jedes Jahr mit neuem Leben.

Die zweite Tradition, die zum landesweiten Fest führt, steuert ein Heiliger bei: Sankt Nikolaus. Die Ankunft des *Sinterklaas*, wie der Nikolaus in den Niederlanden heißt, mit seinem Kompagnon *De Zwarte Piet* markiert für Groß und Klein schon am 5. Dezember das Weihnachtsfest mit allem, was dazu gehört: mit Geschenken, mit Freudentränen, mit einem Festessen und einem Überraschungspäckchen, das *surprise* genannt wird. Die Surprise wird besonders liebevoll verpackt. Sie ist mit dem Namen des Beschenkten versehen und muß von ihm unter Zeugen geöffnet werden. Manchmal tief im Innern eines riesigen Päckchens findet man ein Briefchen, in dem ein Gedicht steckt, das eine humoristische Vorhaltung von Schwächen und Stärken, von Lieben und Lastern des Beschenkten ist. Der muß, ob er will oder nicht, diesen Spottvers vor allen Anwesenden vortragen. Doch *Sinterklaas* fügt zum Spott immer auch den Nutzen.

Im September zieht der Aalsmeerer Blumenkorso durch Amsterdam

MARCO POLO TIPS FÜR FESTE

1 Freimarkt Amsterdam
Am 30. April, dem Tag der Königin, fließt Bier durch die Grachten der Altstadt (Seite 31)

2 Käsemarkt Alkmaar
Freitags kommt der Käse ins Rollen (Seite 33)

3 Von Haarlem nach Noordwijk
Der schönste Blumenkorso des Landes führt durch fünf Ortschaften (Seite 33)

4 Der Keukenhof blüht
In Lisse Blumen soweit das Auge reicht (Seite 33)

5 Mühlentage Kinderdijk
In Nieuw Lekkerland gibt es die schönsten Windmühlen – eine davon auch zum Besichtigen (Seite 33)

6 Formel I in Zandvoort
Das Hochgeschwindigkeitsrennen durch die Dünen ist eine Schau (Seite 33)

GESETZLICHE FEIERTAGE

1. Januar: *Neujahr*; *Ostern*; ★ ⊙ 30. April: *Koninginnedag*; 4. Mai: *Tag der Opfer des Zweiten Weltkrieges*; 5. Mai: *Tag der Befreiung vom Faschismus* (an beiden Tagen wird gearbeitet); *Christi Himmelfahrt*; *Pfingsten*; 5./6. Dezember: *Sinterklaas* (es wird gearbeitet); 25. Dezember: *Weihnachten*.

LOKALE FESTE UND VERANSTALTUNGEN

Die Niederländische Fremdenverkehrszentrale NBT (Adresse siehe Praktische Hinweise) gibt in jedem Jahr eine Broschüre mit genauen Daten von Veranstaltungen und Festen heraus.

Januar
Leiden: *Jazzwoche*

Februar
Bovenkarspel: Zwiebelblumenausstellung *Westfriese Flora*; Maastricht: Antiquitätenmesse *European Fine Art Fair*

März
Den Haag: *Holland Toys* – Internationale Antiquitätenmesse für Puppen und Spielzeug, ⊙ ✶ *City-*

Die Marco Polo Bitte

Marco Polo war der erste Weltreisende. Er reiste in friedlicher Absicht, verband Ost und West. Er wollte die Welt entdecken, fremde Kulturen kennenlernen, nicht zerstören. Könnte er für uns Reisende des 20. Jahrhunderts nicht Vorbild sein? Aufgeschlossen und friedlich sollte unsere Haltung in anderen Ländern sein. Dazu gehören auch Respekt vor Mensch und Tier und die Bewahrung der Umwelt.

WWF

Pier-City-Loop – halber Marathonlauf vom Den Haager Stadtzentrum nach Scheveningen ans Meer; Lisse: ★ auf dem Keukenhof beginnt die nationale *Freiland-Blumenausstellung* mit Lilienschau

April
Alkmaar: ★ Bis September jeden Freitag *Käsemarkt*; Amsterdam: die *Beleuchtung der Grachten und der Altstadt* wird eingeschaltet (bis Oktober); Den Haag/Scheveningen: *Internationale Rosenausstellung* (bis Oktober); Haarlem-Noordwijk: ★ *Blumenkorso* auf der Route Haarlem-Bennebroek-Hillegom-Lisse-Noordwijk; Heerlen: *Amstel Gold Race* – Internationales Radrennen der Profis; Vogelenzang: *Tulipshow* – Gärten voller Zwiebelblumen (bis Ende Mai)

Mai
Den Haag/Scheveningen: Beginn der *Heringssaison* (bis Oktober) mit dem Flaggentag, *Japanischer Garten in Blüte* (bis 15. Juni); im ganzen Land: *Nationaler Fahrradtag*

Juni
Amsterdam: *Holland Festival*

Juli
Nieuw Lekkerland: ★ *Mühlentage von Kinderdijk* (bis Ende August)

August
Den Haag/Scheveningen: *Internationales Feuerwerksfestival* am Pier; Zandvoort: ★ *Grand Prix Formel I*-Autorennen

September
Aalsmeer-Amsterdam: *Blumenkorso*; Den Haag: 18. *Prinsjesdag* – Eröffnung des Parlamentsjahres durch die Königin

Oktober
Laren: *Herfstflora* – Herbstblumenausstellung

November
Aalsmeer: Nationale *Blumen-Fuchausstellung*

Dezember
Gouda: *Gouda bei Kerzenlicht* – Drehorgelkonzert mit Illumination der Weihnachtsbäume

Von Botter und Kotter

Die Niederlande sind eine Seefahrernation. Schon sehr früh beherrschten sie den Handel auf den Weltmeeren. Doch auch im Lande selber unternehmen die Niederländer eine Menge auf dem Wasser. Dafür stehen ihnen die unterschiedlichsten Schiffe und Boote zur Verfügung. Ein »*Tjalk*« beispielsweise ist ein Segelschiff, auf dem früher Getreide gefahren wurde. »*Botter*« heißen die Fischkutter mit dem platten Boden, »*Kotter*« Fischereifahrzeuge mit zwei Masten. Und dann gibt es auch noch das »*Klipperaak*«, ein wendiges Segelschiff für die schmalen Binnengewässer, und die »*Skutjes*« – das sind die historischen IJsselmeerschiffe, die auch heute noch einmal jährlich in der ersten Augusthälfte ihre Oldtimer-Regatta auf der ehemaligen Zuiderzee zwischen Lemmer und Hindeloopen austragen.

owson-Algraphy

Stadt der Grachten und Gegensätze

Die niederländische Metropole schwimmt – und viel buntes Volk schwimmt mit ihr mit

Es ist später Nachmittag. Sie haben sich das Grand Hotel Krasnapolsky mit der großartigen Glaskuppel über dem Wintergarten angesehen. Beeindruckt und noch einmal an das Wort »verblüffend« denkend, das der Dichter Paul Verlaine einst in das Gästebuch dieses luxuriösen Hotels schrieb, treten Sie auf den Dam hinaus, dem gegenüber der königliche Palast liegt. Ein Farbiger in zerschlissenen Jeans tänzelt Ihnen entgegen. Seine Rastafari-Locken hat er unter einer ballonartigen Strickmütze versteckt. Er kaut Kaugummi, zeigt mit einem Grinsen zwei Zahnlücken und haut Sie an: *»Eh, man, da yah wanna shit.«* Das soll Englisch sein. Er fragt Sie, ob Sie nicht Lust auf ein Mäppchen Haschisch hätten.

Amsterdam: Königliches Palais und Nationaldenkmal zur Erinnerung an die Opfer des Zweiten Weltkriegs

Die Szene ist ganz und gar nicht erfunden. Sie findet am Dam zwischen Königs-Prunk und Hotel-Pracht, sie findet aber

Hotel- und Restaurantpreise

Hotels

Kategorie 1: über 350 hfl.
Kategorie 2: 150 bis 350 hfl.
Kategorie 3: bis 150 hfl.
Dir Preise gelten, wenn nicht anders angegeben, für die Übernachtung im Doppelzimmer mit Frühstück, das besonders in ländlichen Hotels deftig und gut ist. Luxushotels berechnen das Frühstück meist gesondert.

Restaurants

Kategorie 1: über 30 hfl.
Kategorie 2: 18 bis 30 hfl.
Kategorie 3: bis 18 hfl.
Die Preise gelten für das Hauptgericht, da in niederländischen Gasthäusern häufig keine Menüs oder aber, etwa in den asiatischen Restaurants, gleich Essen mit acht oder zehn Gängen angeboten werden.

auch an vielen anderen Stellen der Stadt statt. Amsterdam – Metropole der Gegensätze!

Die 700 000 Einwohner der – da gibt es keinen Streit – schönsten Stadt der Niederlande handhaben einen gar nicht so verkehrten Grundsatz: leben und leben lassen! Diese Toleranz bekommen alle zu spüren: Geschäftige und Gestrandete, Aufsteiger und Untergebutterte, Tagträumer, Talente und Touristen. »Die Bewohner Amsterdams«, schreibt Siggi Weidemann im MARCO POLO Führer »Amsterdam«, »nehmen die Fremden wie Ebbe und Flut.«

Und damit kennen sie sich ja aus, die Amsterdamer. Das Sinken und Steigen des Wassers nach den Mondphasen hat schon immer den Rhythmus der Stadt bestimmt. Denn Amsterdam steht praktisch auf dem Wasser. Es ist ein »Venedig des Nordens«. Diesen Begriff führte schon sehr früh, nämlich 1567, der reisende Italiener Ludovico Guicciardini ein. Tatsächlich erinnert vieles in Amsterdam an die italienische Stadt an der Lagune: die Grachten, die dort Kanäle heißen, die Grachtenhäuser auf Pfählen im Wasser, dort Palazzi genannt, die Brücken, die die wenigen Inseln

MARCO POLO TIPS FÜR AMSTERDAM

1 Waterlooplein
Für den Dauer-Trödelmarkt hegen sogar die Amsterdamer eine Liebe (Seite 42)

2 Westerkerk
Vom Turm des schönsten Renaissance-Gebäudes der Niederlande hat man einen herrlichen Blick (Seite 39–40)

3 Rijksmuseum
Na klar, Rembrandt & Co. beeindrucken immer wieder (Seite 40–41)

4 Rijksmuseum Vincent van Gogh
Die Ausstellung mit Werken des Impressionisten zeigt die Nähe von Genie und Wahnsinn (Seite 41)

5 D'Vijff Vlieghen
Gemütlicher kann man nicht speisen (Seite 43)

6 Manchurian
Hier hat die chinesische Küche höchste Qualität (Seite 43)

7 De Kersentuin
Es kocht der niederländische Spitzenkoch John Sisterman (Seite 43)

8 Blumenmarkt
Am Singel findet man Europas einzigen Pflanzenmarkt auf dem Wasser (Seite 44)

9 Grand Hotel Krasnapolsky
Zentral gelegen ist das luxuriöse Haus auch für jene einen Abstecher wert, die preiswerter wohnen wollen (Seite 45)

10 Tuschinski
In das schönste Kino Europas geht man bestimmt nicht wegen der Filme (Seite 46)

verbinden, die historische Entwicklung zum Handelszentrum und zur Hochburg der Malerei, sowie einstmals der große Einfluß des Judentums.

Urkundlich erwähnt wird Amsterdam erstmals 1275, als Graf Floris V. von Holland der Stadt das Zollprivileg erteilt und ihren Bürgern freie Fahrt auf allen Gewässern Hollands gibt. Formelle Stadtrechte bekommt Amsterdam erst 1300 vom Bistum Utrecht verliehen.

Ab 1612 entsteht der konzentrische Drei-Grachten-Gürtel mit Prinsengracht, Keizersgracht und Herengracht. Er ist bis heute malerisches, aber auch belebtes Zentrum der Amsterdamer Altstadt. Bei der Aufsicht auf die Innenstadt, die deutlich die konzentrischen Grachten-Halbkreise erkennen läßt, fühlte sich der niederländische Schriftsteller Cees Nooteboom zu folgenden Zeilen inspiriert: »Der Fluß setzt sein Zeichen wie ein Siegel in den Küstenstrich und schreibt seine Form hinein wie ein vollendeter Kalligraph. Wenn man es einmal gesehen hat, kann man sich dem Bild nicht mehr entziehen: Der Grundriß von Amsterdam ist im Laufe der Jahrhunderte ein immer komplizierteres Zeichen geworden, ein chinesisches Schriftzeichen, das sich ständig erweitert hat, aber stets das gleiche bedeutete. Das Land ist das Papier, das Wasser die Tusche. Wie ein östlicher Meister hat der Fluß den ersten Strich gesetzt, mühelos, treffsicher, ein Zeichen äußerster Einfachheit. Nun ist es an den Menschen, weiterzuschreiben.«

Mit der Entstehung des Grachtengürtels begann Amsterdams goldenes Jahrhundert. Es wurde durch eine Mischung aus Geld und Wissen die mächtigste und reichste Stadt Europas. Seine Kaufleute beherrschten den Handel auf den Weltmeeren. Die schönen Bürgerhäuser entstanden, nach außen hin allerdings längst nicht so pompös wie die Paläste im Wasser-Pendant Venedig.

Die ganze verhaltene Pracht an der Gracht können Sie sehen, wenn Sie vom Turm der ★ Westerkerk hinuntergucken. Die wirkliche Schönheit Amsterdams aber erschließt sich erst dem, der sich zu Fuß auf den Weg begibt. Dem Fußgänger allein eröffnen sich alle Möglichkeiten, diese Stadt zu erleben. Nur er kommt noch über die schmalste Brücke, die so tief liegt, daß kein Boot unter ihr hindurchfahren kann, und in die kleinste Ecke, in der vielleicht ein gemütliches Gasthaus auf seine Einkehr wartet. Vielleicht stärkt man sich dort, bevor es in die Museen geht. Mit dem ★ Rijksmuseum sowie mit dem ★ Rijksmuseum Vincent van Gogh hat Amsterdam zwei der berühmtesten Museen der Welt. Es ist unmöglich, alles zu sehen. Eine Auswahl tut not. Auch wenn ein schneller Blick auf den Museums-Magneten schlechthin immer noch möglich sein sollte: Rembrandt van Rijns geheimnisumwobenes mächtiges Gemälde »Nachtwache«.

Der Weg vom Rijksmuseum zurück zum *Dam* im Zentrum der Stadt, wo sich die stets belebten Fußgänger-Einkaufszonen von *Kalverstraat* und *Nieuwendijk* begegnen, führt Sie am Blumenmarkt vorbei, der nicht nur deshalb sehenswert ist, weil seine Geschäfte zum großen Teil auf Booten in der Singel-Gracht gemacht werden. Es gibt Schnittblumen in herrlichen Farben, Topfpflanzen in allen Größen, Palmen, Blumenzwiebeln und, wenn Sie lange genug suchen, Lorbeerbäumchen für zu Hause, deren Blätter Sie tatsächlich zum Einlegen von Heringen und Sardinen benutzen können.

Spätestens am Blumenmarkt beginnt wieder das turbulente Treiben, das Amsterdam so beliebt macht. Man kann sich ihm anvertrauen, auch wenn die Polizei rät, besonders auf Handtaschen, Geldbörsen und Brieftaschen aufzupassen. Amsterdam ist, wenn auf den Straßen *de poppen aan't dansen* sind, wenn also der Teufel los ist, ein Eldorado für Taschendiebe. Sollten ihnen trotz Vorsicht die Papiere gestohlen worden sein, hilft Ihnen der *Tourist Assistance Service.* Polizei, Stadt und Tourismusbüro haben ihn gemeinsam eingerichtet. Er hat sein Büro im *Polizeiposten Nieuwezijds Voorburgwal 114.* Dort hilft man mehrsprachig und unbürokratisch zumindest bei der Ausstellung neuer Personalpapiere. (C3)

BESICHTIGUNGEN

Von den vielfach angebotenen Grachtenrundfahrten, die Sehenswürdigkeiten vom Wasser aus zeigen, ist die mit einem Museumbesuch kombinierte zu empfehlen. *Sie führt ganzjährig und täglich vom Hauptbahnhof ab (Reederei Lovers), kostet inklusive Eintritt für drei Museen 25 hfl., Abfahrt halbstündlich ab 10 Uhr, Tel. 6222181*

Beginenhof (Begijnhof)

Der stille, kastanienumstandene Hof mit seinen hergerichteten Giebelhäusern ist gar nicht einfach zu finden. Der Zugang befindet sich zwischen *Spui* und *Gedempte Begijnsloot.* Die Sucherei lohnt jedoch. Gleich am Eingang steht mit dem *Houten Huys* aus dem Jahre 1470 eines der ältesten Häuser der Stadt.

Entrepotdok

Das von schiffbaren Wasserstraßen umgebene Dock Entrepot diente früher als Lager- und Umschlagplatz für zollpflichtige Waren. Die Stadt machte aus den Magazinen des 18. und 19. Jhs. im Rahmen der Stadterneuerung eine originelle Wohnlandschaft. Über eine Ziehbrücke gelangt man zum Zoo Artis und zum Botanischen Garten Hortus Botanicus. *Hoogte Kadijk*

Pintohaus (Pintohuis)

De Pinto war im 17. Jh. ein reicher Mann in Amsterdam. Er baute dieses Haus der Ostindischen Kompanie aus dem frühen 17. Jh. im Stil der italienischen Renaissance um. Heute befindet sich eine öffentliche Bibliothek darin. Besonders sehenswert: die Deckenmalereien im Lesesaal. *Mo und Mi 14–18, Fr 14–17, Sa 11–14 Uhr, Sint Antoniesbreestraat 69, Tel. 6243184*

BRÜCKEN

Blaue Brücke (Blauwbrug)

Diese Brücke führt über die Amstel zum Flohmarkt am Waterlooplein und ist mit ihren Kaiserkronen den Seinebrücken in Paris nachempfunden. *Amstelstraat/ Amstel*

Die »Magere Brug« ist eine 300 Jahre alte hölzerne Zugbrücke

Magere Brücke (Magere Brug)
Die über 300 Jahre alte hölzerne Zugbrücke ist besonders abends ein beliebtes Fotomotiv, weil sie angestrahlt wird. Man bedient sie noch heute per Hand. *Kerkstraat/Amstel*

KIRCHEN

Mozes-en-Aaron Kerk
Das Gotteshaus wurde 1841 fertiggestellt und war dem Heiligen Antonius von Padua geweiht. In den Jahren vor 1990 galt diese katholische Kirche als Zufluchtsort für Drogenabhängige und Obdachlose. Nach einer sorgfältigen Renovierung dient sie heute als Begegnungsstätte, an der auch oft Ausstellungen gezeigt werden. *Waterlooplein*

Nieuwe Kerk
In der spätgotischen Basilika finden auch Ausstellungen und sogar Konzerte statt, weil es für regelmäßige Gottesdienste zu wenig Gläubige gibt. Doch einmal im Jahr endet hier eine berühmte Prozession. Katholiken aus dem ganzen Land, meist aus dem ländlichen Süden, durchwandern in der Nacht zum Palmsonntag schweigend die Stadt; das Ganze nennt sich »stille ommegang«. *Dam*

Oude Kerk
Der Turm der inmitten des Sex- und Vergnügungsviertels stehenden Kirche kann bestiegen werden. Sehenswert sind drei farbige Glasfenster aus dem 17. Jh. *Oudekerksplein*

Westerkerk
★ Der 85 m hohe Turm der Kirche, *Oude Wester* genannt, ist ein Wahrzeichen Amsterdams. Von seiner Plattform aus hat man einen herrlichen Blick über Altstadt und Grachten. Lassen Sie sich von Fremdenführern nicht erzählen, der große Rembrandt liege in dieser Kirche begraben.

Es gibt dafür keinen Beweis. Nur das Grab seines Sohnes Titus hat man gefunden. *Prinsengracht*

MUSEEN

Für die Museen in Amsterdam gelten folgende Öffnungszeiten: *Di–Sa 10–17, So ab 13 Uhr.* Schon allein für den Besuch mehrerer Museen in Amsterdam lohnt sich übrigens der Kauf der *museumskaart*, die 40 hfl. kostet (bis 18 Jahre 15 hfl.) und ein ganzes Jahr lang zum freien Eintritt in insgesamt 375 wichtigen niederländischen Museen berechtigt. Die Karten gibt's in den Museen. Paßfoto wird benötigt!

Anne-Frank-Haus (Anne Frankhuis)

Das berühmteste Haus Amsterdams ist dem Leben und Leiden der von den Nationalsozialisten verfolgten 13jährigen Anne Frank (siehe Stichworte) gewidmet. *Mo–Sa 9–17 Uhr, So 10–17 Uhr (Juni bis Aug. bis 19 Uhr), Eintritt 7 hfl., Prinsengracht 263*

Cannabis Info Museum

Zwischen Dam und Rotlicht-Bezirk befindet sich mit dem Haschisch-Museum das ungewöhnlichste Museum der Stadt. Man informiert über den fachgerechten Anbau von Haschisch und Marihuana, verkauft entsprechende Pflanzensamen und bietet für 12,50 hfl. »Mellow Pages – A Smoker's Guide To Amsterdam« an, in dem all jene Coffeeshops und Kneipen aufgeführt sind, in denen Stoff für den eigenen Rausch verkauft wird. Keine Angst, das alles wird nicht strafrechtlich verfolgt, und die Polizei patrouilliert eher schmunzelnd vor dem Haus. *Geöffnet zu den üblichen Geschäftszeiten, oft aber auch zwischen 13 und 16 Uhr geschl., Eintritt frei, O. Z. Achterburgwal 148*

Jüdisches Historisches Museum (Joods Historisch Museum)

In vier ehemaligen Synagogen ist das wichtigste judaische Museum außerhalb Israels untergebracht. Für deutsche Besucher gibt es ein eigens ausgearbeitetes Programm. *Tgl. 11–17 Uhr, Eintritt 6 hfl., Jonas Daniël Meijerplein*

Rembrandthaus (Rembrandthuis)

21 Jahre hat der Meister hier mit seiner Frau Saskia gelebt. Heute sind hier 245 der 280 Radierungen Rembrandts zu sehen. *Mo bis Sa 10–17 Uhr, So 13–17 Uhr, Eintritt 5 hfl., Jodenbreestraat 4–6*

Rijksmuseum

★ Die umfangreichste Kunstsammlung der Niederlande ist ein Muß für jeden Amsterdam-Besucher. Haben Sie keine Angst vor den Dimensionen. Alles auf einmal können Sie ohnehin nicht sehen. Aber man kann ja auch mehrmals hingehen. Einen Blick sollten Sie schon auf Rembrandts »Auszug der Schützenkompanie des Hauptmanns Cocq und des Leutnant Ruytenburgh« werfen, das unter dem (irrigen) Titel »Die Nachtwache« weltbekannt wurde. Es hängt im 1. Stock im Saal 224 gerade gegenüber dem Verkaufsstand für Poster, Postkarten, Souvenirs und Kunstbände. Überhaupt ist die 1. Etage lohnend, weil man hier die Großen der niederländischen Malerei findet: Frans Hals (Säle 209, 210), Jan Vermeer van Delft (Saal 222), Jacob van Ruisdal (Saal 214). Bilder ausländischer Schulen, etwa von Rubens, Goya, Fra Angelico und Veronese sind in den Sälen 229 bis 236 untergebracht. Im Erdgeschoß findet man Malerei des 18. und 19. Jhs. (Säle 142/143) und Ausstellungsgut zur niederländischen Geschichte (Säle 101 bis 166). Sehenswert im Souterrain ist die asiatische Kunst (Säle 12 bis 22). *Di–Sa 10–17 Uhr, So 13 bis 17 Uhr, Eintritt 10 hfl., Stadthouderskade 42*

Rijksmuseum Vincent van Gogh

★ Allein dieses Museum ist eine Reise nach Amsterdam wert. Es zeigt in einer ständigen Ausstellung wichtige Werke des großen niederländischen Impressionisten Vincent van Gogh (siehe auch Stichworte) und stellt sie in den Kontext zu den Arbeiten berühmter Kollegen seiner Zeit. Zur Dauerausstellung gehören so großartige van-Gogh-Gemälde wie »Die Kartoffelesser« und »Stilleben mit Sonnenblumen«. *Mo–Sa 10–17 Uhr, So 13–17 Uhr, Eintritt 10 hfl., Stadthouderskade 42*

Schiffahrtsmuseum (Scheepvaartmuseum)

Man bekommt einen sehr guten Überblick über die Entwicklung der Schiffahrt in den Niederlanden und erfährt auch manches über das Leben an Bord. Eindrucksvoll ist auch die vor dem Museum am Anleger vertäute naturgetreue Nachbildung des Ostindienfahrers »Amsterdam«. Das Original des Dreimasters liegt seit 1749 vor der englischen Küste auf dem Meeresboden. *Di–Sa 10–17 Uhr, So 13–17 Uhr, Eintritt 10 hfl., Kattenburgerplein 1*

PARKS UND GÄRTEN

Hortus Botanicus Plantage

Der schon 1682 angelegte Botanische Garten ist mehr als sehenswert. Eingerichtet worden war er einst, weil die Kaufleute Pflanzen, die sie aus fernen Ländern mitgebracht hatten, züchten wollten. Es heißt, daß eine Kaffeepflanze aus der Neuen Welt, hier gepflegt und wieder re-importiert, zur Mutterpflan-

»Holland hat die schönsten Bilder«, meinte Vincent van Gogh

ze aller Kaffeeplantagen in Kolumbien und Brasilien geworden sei. *April–Okt. Mo–Fr 9–17 Uhr, So ab 11 Uhr, Führungen So ab 11 Uhr, Eintritt 5 hfl., Plantage Middenlaan*

Vondelpark

Der Freizeitpark für alle Amsterdamer, der besonders an den Wochenenden genutzt wird, war in den frühen Siebzigern neben Ibiza der wichtigste Treffpunkt für die europäischen Hippies und Blumenkinder. Einmal im Jahr, am Tag der Königin (siehe Veranstaltungen), findet hier der längste Flohmarkt des Landes statt.

PLÄTZE

Leidseplein

Auf Amsterdams bekanntestem Platz pulsiert das Leben. Rundherum gibt es jede Menge Restaurants, mit dem »Manchurian« auch das vielleicht beste China-Restaurant der Stadt, die wichtigsten Kinos, alternative Bühnen und das städtische Theater *(Stadsschouwburg)*. Außerdem findet man das berühmte »Café Américain« im Stil der Art deco. Im Winter wird der Platz unter den Bäumen in der Mitte in eine Eisbahn verwandelt, auf der sich Schlittschuhläufer vergnügen.

Spui

Dieser Platz lockt mit Traditionskneipen wie »Hoppe« und »Zwart«. Außerdem gibt es mit dem »Atheneum« den besten Zeitungskiosk der Stadt mit dem größten internationalen Printmedienangebot.

Waterlooplein

★ Weithin bekannter Trödelmarkt der Stadt, den auch die Amsterdamer selbst gern besuchen. Angeboten wird vieles – und vor allem Ramsch. Trotzdem kann man hier noch sein ganz persönliches Schnäppchen machen. Und auch einfach der Spaziergang ist schon amüsant.

STADTVIERTEL

Chinatown

Mit rund 50 000 Menschen stellen die Chinesen in Amsterdam die größte ausländische Gemeinde. Seit Anno 1910 die ersten Chinesen in die Stadt kamen, haben sie sich vor allem auf das

Süchtig aufs Lutschen

Die Niederländer lutschen Lakritz. Sie nennen es *drop*. Wo sie gehen und stehen, müssen sie ihr *drop* dabei haben. *Drop* kann alle möglichen Formen annehmen. Es gibt jeden Härtegrad. Man bekommt es mit Honig, was gut gegen Halsschmerzen sein, oder mit Salz, was den Blutdruck heben soll. *Drop*, sagen manche, gehört genauso zu den Niederlanden wie die Holzschuhe oder die Windmühlen. Und man erzählt sich sogar die Geschichte, daß eine im Urwald verschollene Gruppe Niederländer, die schließlich gefunden worden war und aus der Luft mit dem Notwendigsten versorgt wurde, in der Notration zuerst nach dem *drop* gesucht haben soll.

Führen von Restaurants spezialisiert, die zu den besten der Welt zählen. Schwerpunktmäßig findet man ihre Gaststätten und Garküchen, aber auch Geschäfte rund um den *Nieuwmarkt.*

RESTAURANTS

Sie sollten ihren Tisch immer telefonisch vorbestellen, besonders wenn Sie abends essen wollen. Und: Nicht alle Restaurants akzeptieren Kreditkarten.

De Brakke Grond

✝ In diesem Lokal im flämischen Kulturzentrum trifft sich junges Theatervolk. Es gibt belgische Biere vom Faß und preiswerte Tellergerichte. *Tgl. 10.30–1 Uhr, Nes 43, Tel. 6 26 00 40, Kategorie 3*

De Drie Fleschjes

Eine Alt-Amsterdamer Probierstube, in der man einmal vorbeigeschaut haben sollte. Während der Geschäftszeiten geöffnet. *Gravenstraat 16*

De Kersentuin

★ Es kocht John Sisterman, einer der Spitzenköche des Landes. Trotz der orientalischen Einrichtung wird französische Küche serviert. *Mo–Sa 12–14.30 und 18–22.30 Uhr, Dijsselhofplantsoen 7, Tel. 6 64 21 21 Kategorie 1*

D'Vijff Vlieghen

★ Über fünf ineinanderführende Grachtenhäuser verteilt sich dieses nicht ganz preiswerte, aber gemütliche Restaurant mit der allerfeinsten holländischen Küche. Sie denken, Sie wären in der guten Stube bei Freunden zu Gast, dabei fassen »Die fünf Fliegen« 300 Personen. *Tgl. 17–24 Uhr, Spuistraat 294–302, Tel. 6 24 83 69, Kategorie 1*

Henri Bloem's Vinotheek

Der Weinhandel von Hein Smeenk ist gleichzeitig eine der nettesten Steh-Probierstuben für Genever in der ganzen Stadt. Außerdem nur ein paar Schritte vom Dam entfernt. Werktags während der normalen Geschäftszeiten geöffnet, *Gravenstraat 8, Tel. 6 23 08 86*, nur Häppchen zum Probieren.

Manchurian

★ Das ist erlesene kantonesische Küche, bei der Sie alle Vorurteile vergessen, die Sie bislang kochlöffelschwingenden Chinesen gegenüber hatten. Sie speisen in zwar asiatischem, aber keineswegs überladen-kitschigem Ambiente. Die Empfehlung: Reistafel. Und bringen Sie dazu Zeit mit. *Tgl. 12–15 und 17–23 Uhr, Leidseplein 10 a, Tel. 6 23 13 30 und 26 21 05, Kategorie 1*

De Geparkeerde Mossel

Französische Meeresfrüchteküche gegenüber dem Begijnhof in einem gemütlichen Rahmen. *Tgl. 18–22.30 Uhr, So geschl., Nieuwezijdswal 30 b, Tel. 6 24 94 25, Kategorie 1*

Sukasari

Von außen sehr unscheinbares Restaurant mit toller indonesischer Küche, die gar nicht so teuer ist. Lassen Sie sich zu einer Reistafel verführen. *Mo–Sa 12 bis 21 Uhr, Damstraat 26–28, Tel. 6 24 00 92, Kategorie 2*

The House of Cutty Sark

Für Whisky-Freunde eine Oase. Der Besitzer hat die Sorten, die er ausschenkt, nie gezählt. *Tgl. ab 17 Uhr, Spuistraat 304*

EINKAUFEN

Eine Amsterdamer Besonderheit ist, daß etliche der teureren Juwelier- und Antiquitätenläden ihre Türen verschlossen halten. Die Verkäufer reagieren erst auf ein Klingelzeichen. So will man unerwünschte Laufkundschaft fernhalten und Überfällen vorbeugen. Die autofreien Haupteinkaufsstraßen sind *Kalverstraat* und *Nieuwendijk* mit ihren vielen Seitengäßchen.

Bonebakker

In diesem Traditionshaus für Brillanten kauften schon Herrscher und Könige. *Rokin 86–90*

De Bijenkorf

Amsterdams größtes Warenhaus überrascht mit einer gepflegten Modeabteilung. *Dam 1*

De Bierkoning

Sie können zwischen 750 Sorten Bier wählen. *Paleisstraat 25*

De Slegte

Hier findet man gebrauchte Bücher zuhauf, bisweilen gar ein kostbares Einzelstück für wenig Geld. *Kalverstraat 48–52*

Eduard Kramer

Antiquarische Kacheln. Die älteste stammt aus dem Jahr 1540. Dazu werden alte Weingläser und Ölflaschen angeboten. *Nieuwe Spiegelstraat 64*

Esprit

In einem hochmodernen Gebäude kaufen junge Leute ihre modischen Kleider. *Spui 10*

Grimm

Es lockt ausgefallener Modeschmuck aus Kunststoff, Papier und Stoff, hergestellt von niederländischen Gegenwartskünstlern. *Grimburgwal 9*

Hajenius

Seit über 100 Jahren ist das stilvolle Geschäft die beste Adresse für Zigarren- und Pfeifenraucher. *Rokin 92*

Kinderboekwinkel

Den Namen muß man nicht übersetzen. Es gibt auch gute Kinderbücher in Deutsch und Englisch. *Rozengracht 341*

MÄRKTE

Albert-Cuyp-Markt

Der bekannteste Markt der Stadt lockt viele junge Leute. Es gibt das umfangreichste Angebot an exotischen Früchten und Gemüsen. *Mo–Sa 9–17 Uhr, Albert Cuypstraat*

Blumenmarkt

★ Auf Europas einzigem schwimmenden Pflanzenmarkt kann man neben Schnittblumen so gut wie alles für Garten, Balkon und Haus bekommen. *Mo bis Sa 9–17 Uhr, Singel*

HOTELS

Wie in allen attraktiven Großstädten sind die Hotels in Amsterdam oft ausgebucht. Rechtzeitige Reservierung ist vonnöten. Die beliebtesten (und damit auch teuersten) Häuser liegen im Zentrum, am Grachtengürtel und im Museumsviertel. Da Amsterdam verkabelt ist, kann man auf den Hotelzimmern auch deutschsprachige Fernsehprogramme empfangen. Etliche Hotels bieten zwischen dem 1. Nov. und dem 31. März sogenannte »Vorteil-Arrangements« an, in denen es kräftige Rabatte gibt. Man muß allerdings danach fragen. Für junge Leute gibt es zwei Jugendherbergen: *Jeugdherberg Vondelpark (ganzjährig, Zandpad 5, Tel. 6 83 17 44)* und *Jeugdherberg Stadsdoelen (März bis Okt., Kloveniersburgwal 97, Tel. 6 24 68 32)*

Ambassade
Acht Kaufmannshäuser aus dem 17. und 18. Jh. bilden dieses gemütliche Grachtenhotel. Aber, Achtung: Die Treppen sind sehr eng. 46 Zi. *Herengracht 341, Tel. 6 26 23 33, Kategorie 2*

Amstel
Seit 1867 gibt es die gerade von Grund auf renovierte Nobel-Herberge, in der schon Kaiser und Könige logierten. Von der Terrasse hat man einen wunderbaren Blick auf die Amstel. Die Übernachtungspreise für die 111 Zimmer und Suiten beginnen bei 550 hfl. *Professor Tulpplein 1, Tel. 6 22 60 60, Kategorie 1*

Bodeman
Die gemütlichen Zimmer haben noch Originalfenster und -dekkenbalken. Die Stewardessen der British Airways logieren hier. 17 Zi. *Rokin 454–456, Tel. 6 20 15 58, Kategorie 3*

Dikker en Thijs
Das gemütliche Haus mit einer freundlichen Atmosphäre in zentraler Lage. Man hat es nicht weit zum Blumenmarkt. 25 Zi. *Prinsengracht 444, Tel. 6 26 77 21, Kategorie 1*

Eden Hotel
Die Zimmer, nicht alle sind mit Fernseher ausgestattet, haben Blick auf die Amstel mit ihren Wohnschuten. 198 Zi. *Amstel 144, Tel. 6 26 62 43, Kategorie 2*

Grand Hotel Krasnapolsky
★ Von außen sieht dieses Luxushotel gar nicht einmal so einladend aus. Dabei ist es für seinen hohen Komfort, die gepflegte Atmosphäre und den hervorragenden Service berühmt. Der Wintergarten mit seiner beeindruckenden Glaskuppel stammt aus dem Jahr 1879 und gilt heute als Amsterdams schönste Frühstücksstube. Auch wer hier nicht wohnt, sollte einen Blick hinein wagen. 325 Zi. *Dam 9, Tel. 5 54 91 11, Kategorie 1*

Vondelhof
Feines, ruhiges Familienhotel am Vondelpark. 10 Zi. *Vondelstraat 24, Tel. 6 12 22 21, Kategorie 2*

Wijnobel
In diesem Hotel mit kleinen, aber praktisch eingerichteten Zimmern wohnen Künstler und Studenten. Ein Tip für Kunstreisende: Das Areal des Rijksmuseums liegt nicht einmal einen Steinwurf entfernt. 12 Zi. *Vossiusstraat 9, Tel. 6 62 22 98, Kategorie 3*

KINOS

Internationale Filme werden meist im Original mit niederländischen Untertiteln gezeigt.

City 7
Im größten Kino der Stadt sollte man Karten vorbestellen. *Kleine Gartmanplantsoen 13–25, Tel. 6 23 45 79*

Desmet
Es werden ausgesuchte Filmklassiker gezeigt. *Plantage Middenlaan 4 a, Tel. 6 27 34 34*

Tuschinski
★ Das schönste Filmtheater des ganzen Landes, wenn nicht ganz Europas wurde 1909 im Art-deco-Stil erbaut. Auch wer kein Kinogänger ist, sollte wegen der Inneneinrichtung einen Blick hineinwerfen. Es gibt noch Logen, in denen man sich Champagner servieren lassen kann. Gezeigt werden zum Leidwesen von Kino-Nostalgikern meist Hollywood-Großfilme. *Reguliersbreestraat 26, Tel. 6 26 26 33*

KONZERTE – THEATER – TANZ

Die Termine für die Abendveranstaltungen in Amsterdam kann man im *Amsterdam Uit Bureau (AUB), Stadtschouwburg/Ecke Marnixstraat* und *Leidseplein, Mo bis Sa 10–18 Uhr, Tel. 6 21 12 11*, erfragen. Die Amsterdamer Tageszeitungen drucken tägliche Veranstaltungskalender.

Concertgebouw
Das Concertgebouw-Orchester gehört zu den besten Ensembles der Welt. Die Akustik des Hauses ist berauschend. Allerdings: Große Konzerte sind oft wochenlang vorher ausverkauft. *Concertgebouwplein 2–6, Tel. Reservierung: 6 71 83 45, Tel. Programm: 6 75 44 11*

Koninklijk Theater Carré
Die großen Musicals stehen in diesem ehemaligen Zirkus auf dem Programm, sowie Gastspiele von Entertainern. *Amstel 115–125, Tel. 6 22 52 25*

Muziektheater (Oper)
Im städtischen Musiktheater, auch Stopera genannt, beeindrucken besonders das Nationalballett und das niederländische Ballett-Orchester. Von Juni bis Sept. veranstaltet man im Boekmanzaal in unregelmäßigen Abständen kostenlose Lunchkonzerte (Beginn: 12.30 Uhr). *Waterlooplein 22, Tel. 6 25 54 55*

Stadsschouwburg
Das Städtische Theater, in dem klassische und moderne Stücke gegeben werden, ist auch wegen seines Neo-Renaissance-Baus aus dem Jahr 1894 sehenswert. *Leidseplein 26, Tel. 6 24 23 11*

AM ABEND

Zentren des Nachtlebens sind *Leidseplein*, *Rembrandtplein*, die *Reguliersdwarsstraat* und das als größtes Bordell Europas bezeichnete Rotlichtviertel *De Walletjes*. Aus dem reichen Angebot auch hier nur einige Adressen.

Bunnies
Die Diskothek ist angenehm. Man bekommt auch dann noch Luft, wenn sie so richtig gefüllt ist. *Mo–Do 22–4 Uhr, Fr–Sa 22 bis 5 Uhr, Eintritt 2,50 hfl., Korte Leidsedwarsstraat 12*

Dansen Bij Jansen
Wer nicht studentisch aussieht, dem wird der Eintritt verwehrt. Sehr junges Publikum! *Tgl. 23 bis 4.30 Uhr, Eintritt 3,50 hfl., Handboogstraat 11*

Exit
Die elegante Diskothek, berühmt für ihre Lightshow, gilt als Gay- und Lesben-Treffpunkt. *Tgl.*

23–4 Uhr, Sa und So bis 5 Uhr, Reguliersdwarsstraat, Tel. 6 25 87 88

Homolulu
Die Diskothek mit Restaurant ist bekannt für ihre gute Küche. Es sind nur Frauen (hin und wieder auch Gays) zugelassen. *Fr–Sa Eintritt 5 hfl., Mo, Do, So 22–4 Uhr, Fr und Sa 22–5 Uhr, Kerkstraat 13, Tel. 6 24 63 87*

Mazzo
Musiker auf dem Weg nach oben. Also immer Live-Musik, manchmal sogar von berühmten Jazzbands. *Tgl. 23–5 Uhr, Eintritt 10 hfl., Rozengracht 114*

Melkweg
Großer Multi-Media-Treffpunkt. Eintritt je nach Veranstaltung. *Lijnbaansgracht 234, Tel. 6 24 17 77 und 6 24 84 92*

Rusland
Anno 1975 machte der erste einschlägige Coffeeshop auf, in dem man sich, wenn man es braucht, für den Abend antörnen lassen kann. Im Angebot: 40 Sorten Tee, acht Sorten Haschisch, fünf Sorten Marihuana. *Mo–Fr 11–20 Uhr, Sa 11–19 Uhr, So 12 bis 18 Uhr, Rusland 16*

Yab Yum
In diesem eleganten Etablissement, zu dem eine noble Bar, ein ziemlich seriöser Spielklub und ein recht ordentliches Restaurant gehören, kommen Männer an käufliche Liebe. Insider schwören: das Beste als Sex-Club. Die Damen drängen sich nicht auf. *Tgl. ab 20 Uhr, Quai Singel 295, Tel. 6 26 19 19*

AUSKUNFT

VVV Amsterdam
Stationsplein 10, Leidseplein 1 und Studioplein/Ecke v. Tuyll v. Serooskenweg 125 (alle Tel. 06-34 03 40 66).
Ausführliche Informationen finden Sie im MARCO POLO Stadtführer »Amsterdam«

Wasser, Häuser und Himmel an Amsterdams Leidsegracht

Königin in einem Puppenhaus

Am Sitz von Parlament und Regierung der Niederlande ist alles sauber, ordentlich und adrett

Es gibt nicht wenige Niederländer, die über ihre Mitbürger in der Regierungs- und Residenzstadt Den Haag (450 000 Ew.) spotten: Ihnen falle der Regen, von dem es übers Jahr genug gibt, in die Nasenlöcher, weil sie vor lauter Vornehmheit die Nase ganz oben trügen. Oder noch ärger: Sie würden mit dem Geigenkasten zum Kartoffeleinkauf gehen – weil ihnen ein normales Einkaufsnetz zu ordinär sei.

Das ist böse, aber nicht ganz unzutreffend. Denn die Bürger von Den Haag fühlen und fühlten sich immer schon als etwas Besseres. Sauberer, ordentlicher, adretter geht es in keiner anderen Stadt der Niederlande zu. Das hat Folgen: In Den Haag gibt es die höchsten Mieten, die luxuriösesten Restaurants und die teuersten Boutiquen. Man ist also auch besser gekleidet als anderenorts: Den Haag ist das Mailand der Niederlande.

In der Miniaturstadt Madurodam unweit von Den Haag ist Holland noch einmal auf Kindergröße verkleinert

Eigentlich war die Gegend ja immer schon etwas Besseres. Der Name der Stadt weist darauf hin: *'s-Gravenhage.* Das heißt übersetzt »Der Grafenhain« und geht auf jene Zeit zurück, als hier die Grafen von Holland ihr Jagdgebiet hatten. Mitten in ihren Hain hinein ließen sie sich ein zunächst bescheidenes Backsteinschlößchen bauen. Wilhelm II., Graf von Holland, ließ es in den Jahren 1247 bis 1256 auf die Größe des *Binnenhof* erweitern, in dem heute die Erste und Zweite Kammer des niederländischen Parlaments tagen. Auch dies trägt zum Selbstbewußtsein der Bürger bei: Den Haag ist Sitz von Regierung und Parlament sowie Residenz der Königin der Niederlande, obwohl Amsterdam, das sich nicht ganz zu Unrecht als wichtigste Stadt der Niederlande empfindet, noch immer am offiziellen Hauptstadt-Status festhält.

Daß Den Haag inzwischen wieder Residenz des Königshauses ist, stimmt die meisten Niederländer doch auch wieder versöhnlich gegenüber der Stadt, denn die meisten sind tief in ihrem Herzen traditionelle Royalisten. Die Treue gegenüber dem Königshaus war in diesem Jahrhundert allerdings einmal kräftig ins Wanken geraten, und zwar in der Mitte der 60er Jahre. Königin Juliana der Niederlande residierte damals mit Prinzgemahl Bernhard noch in Amsterdam. Tochter Beatrix Wilhelmina Armgard, Prinzessin der Niederlande, von Oranien-Nassau und von Lippe-Biesterfeld verliebte sich im Sommer 1964 beim Polterabend der Prinzessin Wittgenstein und des Prinzen Moritz von Hessen in den Deutschen Claus von Amsberg. Ausgerechnet in einen Deutschen! Als das Paar ein Jahr später seine Verlobung bekanntgab, schäumten die Niederländer. Die hartnäckige Beatrix, von der die Niederländer nicht ohne Bewunderung sagen, sie sei ein *taaie snuiter*, ein zäher Bursche, heiratete ihren Claus am 10. März 1966. Gleich die erste Tat des Paares versöhnte die ersten Royalisten: Die Frischvermählten spendeten die gesetzlich festgeschriebene Hochzeitsgabe des niederländischen Volkes bedürftigen Kindern in Surinam und auf den niederländischen Antillen.

Als dann auch noch gleich drei Söhne, die ersten männlichen Thronfolger seit 116 Jahren, geboren wurden, und die frisch inthronisierte Königin Beatrix

MARCO POLO TIPS FÜR DEN HAAG

1 Bistro-mer
Hier schlemmen Sie Meeresfrüchte wie am Mittelmeer (Seite 54)

2 Delft
Die Stadt der Kacheln ist als Gesamtkunstwerk einen Ausflug wert (Seite 56)

3 Duinrel
Kinder, Kinder, runter geht's die längste Wasserrutsche der Welt (Seite 51)

4 Haags Gemeentemuseum
Hier hängt die größte Sammlung des Malers Piet Mondrian (Seite 53)

5 Kandinsky
Speisen Sie mit weitem Blick aufs Meer (Seite 54)

6 Kurhaus Scheveningen
Der Jugendstil-Prachtbau mit Casino lockt nicht nur Zocker (Seite 51)

7 Madurodam
Große und Kleine werden in der Miniaturstadt zu Riesen (Seite 52)

8 Mauritshuis
Jan Vermeer van Delft ist der Star des Museums (Seite 53)

9 Omniversum
In diesem Kino vergeht einem beim Sehen und Hören vor Staunen das Hören und Sehen (Seite 52)

10 Tonpfeifenkabinett
Äußerst edle und erlesene Pfeifensammlung in Leiden (Seite 57)

nach der Abdankung ihrer Mutter Juliana am 30. April 1980 die Königsresidenz an den historischen Ort Den Haag zurückverlegte, verstummten alle royalistischen Proteste – sogar die der Amsterdamer Hausbesetzer, der sogenannten *kraker*, die bei der Krönung noch mit Pflastersteinen geworfen und Parolen wie *geen woning, geen kroning* (»Keine Wohnung, keine Krönung«) skandiert hatten.

Die Zusammenlegung von Regierung, Parlament und Residenz macht in der konstitutionellen Monarchie Sinn – und zwar nicht nur einmal im Jahr, wenn die Königin am dritten Dienstag im September die traditionelle Thronrede hält. Streng-genommen ist es ja nicht ihre Rede. Denn sie verliest zur Eröffnung der neuen Sitzungsperiode im *Binnenhof* zu Den Haag die Regierungserklärung des jeweiligen Premierministers. Da aber Kabinett und Königin in den Niederlanden gemeinsam die Regierung bilden, wird der Thronrat immer ein Wörtchen mitreden.

Zur Mischung aus Geld und Macht gesellt sich in Den Haag noch etwas anderes, das die Stadt weltberühmt gemacht hat: Innerhalb ihrer Gemeindegrenzen liegen zwei der bekanntesten Seebäder des Landes, das mondän-attraktive Scheveningen (sagen Sie: skeweningen) und das turbulent-touristische Kijkduin. Vom Zentrum Den Haags kann man beide bequem mit der Straßenbahn erreichen. Besonders beeindruckend ist das ehemalige Fischerdorf Scheveningen abseits des heutigen Fähr- und Fischereihafens, dort wo das pompöse ★ Kurhaus steht. In fünfjähriger Bauzeit wurde das prachtvolle Jugendstilgebäude mit Hotel, Restaurants und Casino auf die heutigen Bedürfnisse umrenoviert. Gleich hinter dem Kurhaus erstreckt sich eine wunderbar altmodische hölzerne Promenade 400 Meter weit ins Meer hinein. Wenn nicht gerade ein Sturm über die Nordsee peitscht, sollten Sie den Gang nicht scheuen. (B 4)

BESICHTIGUNGEN

Binnenhof

Der Neubau des heutigen Parlaments überragt die historischen Bauten der Schloßanlage von einst. Der Repräsentationsraum der konstitutionellen Monarchie ist der *ridderzaal*, der ehemalige Rittersaal des Schlosses, vor dem eben am Prinsjesdag, dem 3. Dienstag im September, die Königin in ihrer Gold-Kutsche zur Thronrede vorfährt. Unterhalb des Rittersaales wird eine ständige Ausstellung über die Baugeschichte und das politische System der Niederlande gezeigt. Auch der barocke Saal, in dem das Kabinett tagt, kann außerhalb der Sitzungszeiten besichtigt werden. *Mo–Sa 10–16 Uhr, Binnenhof 8 a*

Duinrel

★ In den bewaldeten Dünen des Vororts Wassenaar befindet sich ein Erlebnispark mit Sommerrodelbahn, Puppentheater, Teddybären-Revue, vielen Bademöglichkeiten und der längsten Wasserrutsche der Welt. *Mitte April bis Okt. tgl. 10–17 Uhr, in den niederländischen Sommerferien 10–21 Uhr, Straßenwegweiser: Duinrel*

Fischereihafen
An den Kais des Fischereihafens finden sich viele zünftige Fischrestaurants. Außerdem starten hier die Ausflugsschiffe für Hochsee-Angler. Wer Frühaufsteher ist, kann in der Fischversteigerungshalle Mäuschen spielen. *Mo–Sa 6–8 Uhr*

Friedenspalast
Der einstige Sitz des Völkerbundes (seit 1920) beherbergt heute den Internationalen Gerichtshof, der letztinstanzliche Urteile von staatsübergreifender Bedeutung fällt. Außerdem ist hier der Welt bedeutendste Bibliothek über Völkerrecht und Frieden untergebracht. *Mo–Fr 10–12 und 14–16 Uhr, Carnegieplein 2*

Huis ten Bosch
Der private Palast der Königsfamilie ist von einem 93 ha großen Park mit zahlreichen Seen umgeben. Die Räumlichkeiten werden auch für repräsentative Empfänge der Regierung genutzt. Leider kann man das Schloß nicht von innen besichtigen. *Haagse Bos*

Madurodam
★ Selbst die Kleinsten gehen hier als Riesen durch ein Holland en miniature. Im Maßstab 1:25 sind zwischen dem Stadtkern Den Haags und Scheveningen alle wichtigen Bauten und Anlagen der Niederlande nachgebaut. Abends wird das Miniland illuminiert. Benannt ist das für Kinder wie Erwachsene gleichermaßen interessante Gelände nach einem in einem Konzentrationslager der Deutschen hingerichteten Soldaten, dessen Eltern das Grundkapital stifteten. *28. März–5. Jan. 9–23 Uhr (ab Okt. bis 18 Uhr), Eintritt 14 hfl., Haringkade 175*

Omniversum
★ Das filmische Amphitheater mitten im Industriegebiet von Den Haag ist ein einmaliges Erlebnis in Bild und Ton. Zu einer dreidimensionalen Projektion hört man Sechspursuper-Stereo-Klänge. Dagegen ist das beste Drei-D-Kino auf der Kirmes ein Kinderkram. *Di–Do 11–16, Fr bis So 11–22 Uhr, Eintritt 16 hfl., President Kennedylaan 5*

Westbroekpark
Vor allem im Juni und Juli, wenn er in voller Blüte steht, wird der Rosengarten, einer der größten Europas, auch von den Einheimischen gern besucht. Auf Rasenflächen gibt es die Möglichkeit zum Picknick. Außerdem findet man dort ein ziemlich großes Terrassencafé. Der Park liegt unweit von ★ Madurodam an den malerischen Alleen nach Scheveningen.

KIRCHEN

St. Jacobuskerk
Die Jakobskirche aus dem 14. Jh. wird auch Grote Kerk genannt. Das gotische Gebäude steht hinter dem historischen Stadttor Gevangenpoort an der Westseite des Binnenhofes. Sehenswert im Innern die holzgeschnitzte Kanzel von 1550 und die Grabplatten zahlreicher niederländischer Staatsmänner und Wissenschaftler. *Park Straat*

Nieuwe Kerk
Hier liegt der richtungsweisende Philosoph Baruch de Spinoza be-

graben, dessen Schriften auch Leibniz, Lessing und Herder beeinflußten. *Spuistraat 173*

MUSEEN

Haags Gemeentemuseum

★ Neben hervorragender Keramik aus Delft, venezianischem und französischem Glas aus dem Art deco und einer reichen Sammlung von Musikinstrumenten aus dem 15. Jh. ist das Den Haager Gemeindemuseum besonders für seine Sammlung moderner Kunst bekannt. Die Sammlung von 250 Bildern des großen Piet Mondrian gilt als einzigartig. *Di–So 11–17 Uhr, Eintritt 8 hfl., Stadhouderslaan 41*

Mauritshuis

★ Das »Koninklijk Kabinet van Schilderijen« (Königliches Gemäldekabinett) muß man wirklich als ein Kleinod unter den niederländischen Museen bezeichnen. In dem kleinen Palast aus dem 17. Jh. findet man einige der Glanzstücke niederländischer Malerei jenes »goldenen« Jahrhunderts. Im Erdgeschoß hängen neben Rubens auch deutsche Maler wie Holbein der Jüngere oder Cranach. Die Treppe in den ersten Stock führt zunächst in das Reich Rembrandt van Rijns. Dort hängen zum Greifen nahe »Susanna im Bade«, einer seiner wenigen Akte, und »Simeon im Tempel« aus dem Jahre 1631, daneben die »Anatomische Vorlesung des Dr. Nicolaes Tulp« von 1632. Fast noch beeindruckender sind ebenfalls im ersten Stock drei Gemälde von Jan Vermeer van Delft (insgesamt sind nur sieben seiner Bilder in niederländischem Besitz): »Das Mädchen mit der Perle«, »Die Rast der Diana« und die unvergleichliche »Ansicht von Delft«. *Di–Sa 10–17 Uhr, So 11 bis 17 Uhr, Eintritt 7,50 hfl., Korte Vijversberg 8*

Panorama Mesdag

Eine zylinderförmige Leinwand zeigt auf 1680 qm das größte Rundpanorama der Welt: eine Ansicht von Scheveningen aus dem Jahre 1881. *Mo–Sa 10–17 Uhr, So 12–17 Uhr, Eintritt 4 hfl., Zeestraat 65 b*

Rijksmuseum Meermanno Westreenianum

Hier finden Sie schöne altniederländische Bücher und Karten. Außerdem wird die Technik des modernen Buchdrucks dargestellt. *Mo–Sa 13–17 Uhr, Eintritt frei, Prinsessegracht 30*

PLÄTZE

Denneweg

Zwischen Malie- und Schoolstraat findet man eine Reihe von lustigen Kneipen, in denen sich viel junges Volk versammelt.

Kurhausplatz Scheveningen

An schönen Sommerabenden findet hier Selbstinszenierung pur statt: Man lehnt sich in seinem Stuhl in einer der Terrassen-Bars zurück und schaut den flanierenden Boulevardiers, den mobilen Musikanten und den Straßen-Schauspielern zu.

Plein

Auf den »Platz« zwischen Hofweiher und der Hauptgeschäftsstraße Noordeinde kommen die Einheimischen zum Kaffeetrinken.

Blumen unter dem Hammer

Hochinteressant kann der Besuch einer Blumenversteigerung *(bloemenveiling)* sein, auf denen sich die Händler aus ganz Europa mit Ware versorgen. Leider müssen Zuschauer ein Eintrittsgeld zwischen 3 und 6 hfl. zahlen (Kinder unter 12 Jahren zahlen die Hälfte). Die größte Blumenversteigerung der Welt findet in Aalsmeer statt *(Legmeerdijk 313, Mo–Fr 7.30–11.30 Uhr)*. Sehenswert sind außerdem die Versteigerungen in Bleiswijk bei Rotterdam *(Klappolder 130, Mo–Fr 8–10.30 Uhr)*, in Naaldwijk bei Den Haag *(Dijkweg 66, Mo–Mi und Fr 8–10 Uhr)* und in Rijnsburg bei Leiden *(Laan van Verhof 3, Mo–Fr 6–10 Uhr)*. Früh aufstehen muß man in jedem Fall, denn gleich nach Eröffnung der Versteigerung ist immer am meisten los.

RESTAURANTS

Es ist längst gesagt, daß die Niederlande nicht besonders preiswert sind, wenn es um Essen und Trinken geht, aber manches in der Ecke zwischen Den Haag und Scheveningen grenzt an Wegelagerei. Denken Sie deshalb durchaus daran, an einer der Fischbuden von Kijkduin und Scheveningen den wunderbarzarten Matjes (siehe Essen und Trinken) aus der Hand und im Stehen zu essen. Es gibt allerdings ein paar Adressen, wo das Preis-Leistungs-Verhältnis noch stimmt.

Bistro-mer

★ So und nicht anders stellt man sich ein Gasthaus vor, das frische Meeresfrüchte anbietet. Vor der Tür dieses Hauses im Den Haager Diplomatenviertel stehen Körbe mit Austern, Krebsen, Muscheln und Fischen. Genau wie am Mittelmeer werden im gemütlichen, etwas dunklen Vorraum oder im dahinter liegenden helleren Wintergarten auf hochbeinigen Edelstahlplatten die Früchte des Meeres serviert. *Mo–Sa mittags und abends geöffnet, Javastraat 9, Tel. 070/3 60 73 89, Kategorie 2*

De Olifant

In diesem ordentlichen Speiselokal gibt es Tagesgerichte schon für 10 hfl. *Mo–Fr 11–21 Uhr, Laan Copes v. Cattenburg 106, keine Reservierung, Kategorie 3*

Kandinsky

★ Das Feinschmecker-Restaurant des Steigenberger Kurhaus Hotels mit dem Namen des berühmten Malers ist eine Offenbarung. Man ißt hervorragend, hat einen herrlichen Blick auf das Meer und die Holzpromenade, und vor allem bekommt man auch am Nachmittag ein richtiges Menü, wenn man Lust darauf hat. *Tgl. 11.30–23.30 Uhr, Gevers Deijnootplein 30, Tel. 070/3 54 64 36 Kategorie 1*

Royal Dynasty

Das hervorragende »Manchurian« in Amsterdam läßt grüßen. Beste chinesische Küche. *Mo geschl., sonst 12–15 und 17–23 Uhr, Noordeinde 123, Tel. 070/3 65 25 22, Kategorie 1*

Vreugd en Rust
Das mit Auszeichnungen überhäufte Restaurant liegt fünf Kilometer östlich von Den Haag in einem wunderschönen öffentlichen Park der Gemeinde Voorburg. Probieren Sie mal den gegarten Steinbutt mit Sellerie. Es gibt 14 luxuriöse Zimmer zum Übernachten. Mittags wird ein Menü für 52,50 hfl. angeboten. *Tgl. mittags und abends, Oosteinde 14, Voorburg, Tel. 070/3 87 20 81*

EINKAUFEN

Haagse Passage
Der Glaskuppelbau im venezianischen Stil zwischen *Spuistraat* und *Buitenhof* lädt zum Einkaufsbummel ein. Es gibt zahlreiche Boutiquen und Shops.

MÄRKTE

Allgemeiner Warenmarkt
Mo, Mi, Fr 8–18 Uhr, Sa 8–17 Uhr, Herman Costerstraat

Markthof
Überdacht, *Mo–Sa zu den üblichen Geschäftszeiten, Gedempte Gracht*

Antiquitätenmarkt
6. Mai bis 1. Okt., Do 11–21 Uhr, So 11–17 Uhr, Lange Voorhout

HOTELS

Atlantic
Hotel am Meer mit überdachtem Schwimmbad. 120 Zi. *Ganzjährig, Deltaplein 200, Kijkduin, Tel. 070/3 25 40 25, Kategorie 2*

Das Kurhaus Scheveningen ist ein Luxushotel mit Spielcasino

Corona
Das Haus gegenüber von Binnenhof und Hofweiher liegt angenehm zentral und doch ruhig. Es hat ein hervorragendes Ein-Sterne-Restaurant. 26 Zi. *Zwei Wochen im Juli geschlossen, Buitenhof 42, Tel. 070/3 63 79 30, Kategorien 1 und 2*

Kurhaus Scheveningen
Das renovierte Steigenberger-Hotel bietet jeden Komfort großer Hotelketten und ist mit seinem Spielcasino im Untergeschoß der Mittelpunkt im mondänen Strandleben Scheveningens. 241 Zi. *Ganzjährig, Gevers Deijnootplein 30, Tel. 070/ 3 52 00 52, Kategorie 2*

Paleis
Das familiär geführte Haus hat kein Restaurant. 20 Zi. *Ganzjährig, Molenstraat 26, Tel. 070/ 3 62 46 21, Kategorie 3 und 2*

Zeehaghe
Man findet dieses Hotel mit 75 Zimmern ohne eigenes Restaurant gleich neben dem südlichen Strandbadbereich. *Ganzjährig, Deltaplein 675, Kijkduin, Tel. 070/ 3 25 62 62, Kategorien 3 und 2*

AM ABEND

Caesar
Das einzige Nachtlokal in der Innenstadt ist schwer zu finden. Es öffnet erst um 23 Uhr, hat dann aber bis zum Sonnenaufgang viel Betrieb. *Tgl., Hooigracht 39*

AUSKUNFT

VVV Den Haag
Einkaufszentrum Babylon, Koningin Julianaplein 30

VVV Scheveningen
Deyhootweg 1134 (beide Tel. 06/ 34 03 50 51)

ZIELE IN DER UMGEBUNG

Delft
★ Seht her: So schön ist Holland. Die mittelalterlichen Häuser rund um den Marktplatz allein lohnen den Abstecher in die Stadt (88 000 Ew.), in der Jan Vermeer, der berühmte Maler und Begründer der Delfter Schule, geboren wurde. Übrigens: Jan Vermeers berühmte »Ansicht von Delft« aus dem Mauritshuis in Den Haag zeigt den Blick auf das östliche Stadttor *Oosterpoort*, hinter dem der 108 Meter hohe Turm der *Nieuwe Kerk* am Markt sichtbar wird. In diesem gotischen Bau, der 1496 fertiggestellt wurde, findet man im Chor das Prunkgrab Wilhelm von Oraniens aus weißem und schwarzem Marmor. Die Neue Kirche ist geöffnet: *1. April–30. Sept. Mo–Sa 9–17 Uhr, sonst Mo bis Sa 10–12 und 13.30–16 Uhr.*

Auch viele, die noch nie in den Niederlanden waren, haben schon von »Delfter Blau« oder besser noch von den Delfter Kacheln gehört. Die Delfter Fayence gibt es heute noch von drei Manufakturen, die man besichtigen und in denen man ein (sinnvolles) Andenken kaufen kann. Sie finden *De Porceleyne Fles, Rotterdamseweg 196 (Besuchszeiten: Mo bis Fr 10–16 Uhr), De Delftse Pauw, Delftweg 133 (tgl. 10–16 Uhr, im Winter am Wochenende nur vormittags)* und das *Atelier de Candelaer, Kerkstraat 13 (tgl. 10–17 Uhr, im Winter mittags und So geschl.)*. Alte Fayencen aus den Delfter Porzellanmanufakturen, aber auch Gemälde aus der Delfter Schule zeigt das *Museum Het Prinsenhof, St. Agathaplein 1 (geöffnet Di–Sa 10 bis 17 Uhr, So 13 bis 17 Uhr)*, im Oktober findet dort eine besuchenswerte Kunst- und Antiquitätenmesse statt. An der Uferstraße Delftse Schie in Fahrtrichtung Rotterdam empfiehlt sich *De Zwethheul*, ein gemütliches Schlemmerlokal *(Rotterdamseweg 480, Tel. 010/4704166, Mo geschl., Kategorie 1)*. Wer in Delft übernachten will, findet mitten im Zentrum das Traditionshaus *De Ark (ganzjährig, Koornmarkt 59 bis 65, Tel. 015/15157999, Kategorie 2)*. Es ist in drei historischen Patrizierhäusern untergebracht. *Allgemeine Auskunft in Delft: VVV, Markt 85, Tel. 015/126100* (B4)

Hebebrücke an der Oostpoort im malerischen Delft

Leiden

Seit Ende des 16. Jhs. gilt das knapp 15 Kilometer nördlich von Delft gelegene Leiden (110000 Ew.) als »Hort der Gelehrsamkeit«. Die 1575 von Wilhelm von Oranien gegründete Universität besuchten zahlreiche später berühmte Männer, beispielsweise der Franzose Descartes. In der Universität ist das *Academisch Historisch Museum (Rapenburg 73, Di und Fr 14–17 Uhr)* untergebracht. Die durch Leiden fließende Rapenburg gilt wegen der zahlreichen Giebelhäuser entlang der beiden Ufer als »der schönste Kanal Europas«. Die Geburtsstadt Rembrandt van Rijns – das Geburtshaus steht nicht mehr – besitzt einige der besten Museen des Landes. Dazu gehört sicher das *Stedelijk Museum De Lakenthal (Oude Singel 28–32, Mo–Sa 10 bis 17, So 13 bis 17 Uhr)*. Neben einem Frühwerk Rembrandts findet man in der Gemäldeabteilung Arbeiten von Jan Steen, Jan van Goyen und Lucas van Leyden. Eine Einzigartigkeit ist das ★ Tonpfeifenkabinett in der Regentenkammer des Stifts Meermannsburg *(Oude Vest 159a, So 13–17 Uhr oder nach Vereinbarung: Tel. 071/146846)*. Die Sammlung edler und seltener Pfeifen umfaßt einen Zeitraum von 2000 Jahren. Geschichtsinteressierten sei das *Pilgrim Fathers Documentative Centrum* empfohlen, das über den Auszug der legendären Pilgerväter nach Amerika Auskunft gibt *(Biosotkade 2a, Mo–Fr 9–12 und 14–16.30 Uhr)*. An deren berühmtestes Schiff erinnert ein nettes Hotel mitten im Zentrum, von dem die wichtigsten Museen bequem zu Fuß zu erreichen sind: *Mayflower (ganzjährig, Beestenmarkt 2, Tel. 071/142641, Kategorien 3 und 2)*. *Allgemeine Auskunft in Leiden: VVV, Stationsplein 210, Tel. 071/146846* (B–C3–4)

RICOH

Tor zur Welt am Reißbrett

Moderner Schmelztiegel der Rassen und Religionen

Rotterdam ist der größte Handelshafen der Welt (580 000 Ew.). Handel und Wandel im Hafen haben Rotterdam zu dem gemacht, was auch in den Niederlanden nicht jedem paßt: zu einem Schmelztiegel der Rassen und Religionen von höchst modernem Zuschnitt. Lange muß man in dieser Stadt nach Zeugnissen holländischer Geschichte suchen, die doch überall sonst im Lande zwischen Groningen, Scheveningen und Maastricht so oft zu finden sind. Rotterdam selbst hat im historischen Wechselspiel der vergangenen Jahrhunderte keine aufregende Rolle gespielt. Noch vor wenig mehr als hundert Jahren war es bloß ein Flecken, ein unbedeutender Binnenhafen am Zusammenfluß von Nieuwe Maas, Schie und dem Flüßchen Rotte, das dem *dorp*, wie die Niederländer es nannten, also dem Dorf seinen Namen gab. Das verschlafene Provinznest hatte damals gerade einmal 86 000 Einwohner.

Rotterdam: Hafenanlagen und Euromast

Doch dann kam das Jahr 1872. Der Durchstich des *Nieuwe Waterweg* brachte die Wende. Rotterdam war über den Kanal durch das Maas-Merwede-Delta plötzlich mit der Nordsee und der ganzen Welt verbunden. Große Schiffe konnten jetzt bis hierher gelangen. Parallel hatte sich mit der ersten industriellen Revolution das deutsche Ruhrgebiet zum verläßlichen Verbündeten Rotterdams entwickelt: Es war lebenswichtig für die neue Industrie an Rhein und Ruhr geworden, Maschinen und Stahl auf dem Seeweg zu verschicken. Die Folge: Schon 1910 zählte Rotterdam 426 000 Einwohner.

War Rotterdam, wie die gesamten Niederlande, vom Elend des Ersten Weltkriegs verschont geblieben, so gab es ein um so böseres Erwachen, als am 14. Mai 1940 deutsche Jagdbomber gleich in der Frühphase des Zweiten Weltkrieges Bombenteppiche abwarfen und fast alle Hafenanlagen zerstörten .

Nach Kriegsende ging die Aufbauarbeit rasant voran. Rotterdam entstand auf dem Reißbrett neu. Heute steht es an der

Spitze aller Handelshäfen und gilt als »Europas Tor zur Welt«, auch wenn das deutsche Hamburg diesen Slogan gern für sich reklamieren würde. Doch die realen Zahlen sprechen eine deutliche Sprache: Rotterdam schlägt jährlich 250 Millionen Tonnen Güter um, Hamburg bisher schlappe 60 Millionen.

Für Reisende ist das riesige Hafen-Areal immer wieder einen Besuch wert. Das Ab- und Anlegen der riesigen Frachter, das Löschen der Ladung, die Hektik des Weitertransports – die Lebendigkeit an den Kais hat ihren eigenen Reiz. Auf den sogenannten Spido-Rundfahrt-Schiffen ist man mittendrin im Rummel. Eher einen Überblick über die gigantischen Ausmaße von Rotterdams Hafen *Europoort* hat man auf dem 185 m hohen ★ Euromast, den zu besteigen sich deshalb lohnt, weil man, den Hafen im Rücken, auch einen weiten Blick ins Land hat. Bei klarer Sicht versteht sich! Denn diesig ist es in Rotterdam oft, wenn sich die Ausdünstungen der großen Stadt mit dem typischen Schmuddelwetter an der Küste verbinden. (B–C 4)

BESICHTIGUNGEN

Sicher gehört eine Hafenrundfahrt auf den Spido-Schiffen mit zum Informativsten, was man in Rotterdam unternehmen kann. Sie legen im *Willemsplein* ab und dauern 75 Minuten *(April–Sept., tgl. ab 9.30–15.30 Uhr alle 45 Minuten, Juli–Aug. ab 11 Uhr, Tel. 010/4135400)*. Auch Rotterdam aus der Luft wird angeboten: Propeller-Flugzeuge starten vom *Rotterdam Airport (Kroondruif, Tel. 010/4157855)* über die Stadt, das südholländische Weideland mit seinen Windmühlen und die südliche Nordseeküste.

Delfshaven

★ An der Mündung der Schie liegt ein kleiner historischer Hafen, in dem man sogar noch eine historische Bebauung findet. Die alten Häuser beherbergen Gasthäuser, Galerien, das Heimatmuseum *De Dubbelde Palmboom (Voorhaven 12, Di–Sa 10–17, So 11–17 Uhr)* und das Zinngießerei-Museum im *Zakkendragers Huisje (Voorstraat 13–15, gleiche Öffnungszeiten)*. In der ehemaligen Sackträger-Station kann man auch Andenken kaufen.

Denkmäler

Der Stadt berühmtestes Standbild ist die 1622 nach einem Modell Hendrick de Keysers gegossene Bronzefigur des lesenden Rotterdamer Humanisten und Theologen Erasmus (siehe Stichworte) – übrigens das älteste Standbild der Niederlande. Man findet es auf dem *Platz vor der St. Laurenskerk*. Ebenfalls eindrucksvoll vor dem *Rathaus* das Kriegerdenkmal von Mari Andriessen (geboren 1897); am *Leuvehaven* steht das berühmte Denkmal »Die zerstörte Stadt« von Ossip Zadkine (1890–1967) aus dem Jahr 1953 und an der *Coolsingel* die hohe Gitterplastik »Konstruktion« des russisch-amerikanischen Bildhauers Naum Gabo (1890–1977).

Euromast

★ ⁂ Vom höchsten Punkt über Rotterdam hat man einen herrlichen Ausblick. Man fährt mit einer Außenkabine den Mast

MARCO POLO TIPS FÜR ROTTERDAM

1 Delfshaven
Malerischer Hafen mit alten Giebelhäusern (Seite 60)

2 Dewi Sri
Essen Sie in einem der besten indonesischen Restaurants des ganzen Landes (Seite 63)

3 Euromast
In 185 Meter Höhe kann man weit ins Land sehen (Seite 60–61)

4 Hong Kong
Ein guter Chinese kann auch preiswert sein (Seite 63)

5 Inntel
Hotel mit Aussichtsbar (Seite 64)

6 Lijnbaan
In der Fußgängerzone kann man üppig einkaufen (Seite 63–64)

7 Niederländisches Schulmuseum
So macht die Schule auch in den Ferien Spaß (Seite 62)

8 Sammlung Boymans-Van Beuningen
Gemäldesammlung vom Mittelalter bis zur Neuzeit (Seite 62)

hinauf. In 100 m Höhe befindet sich ein nicht sehr empfehlenswertes Restaurant. Man gelangt aber auch die 185 m bis ganz nach oben. Der Besichtigungsturm ist von einem Park und von den ersten Kaianlagen des Hafens umgeben. *April–Sept. tgl. 10–19 Uhr, Okt.–März 10–17 Uhr, Eintritt 14,50 hfl., ganz nach oben: tgl. 11–16 Uhr, Parkhaven 20*

Stadhuis
Das größte Rathaus der Niederlande, bis 1920 nach Plänen von Henri Evers in Naturstein erbaut, hielt der Bombennacht von 1940 stand und blieb unversehrt. *Coolsingel*

Tiergarten Blijdorp
Besonders interessant ist die Asien-Halle. Man findet einen tropischen Sumpf, die Insel der Java-Affen, eine Höhle für Fledermäuse und den China-Garten. *Tgl. 9–17 Uhr, Eintritt 17,50 hfl., Van Aerssenlaan 59*

Tropicana
Das karibische Freizeitparadies lockt mit Schwimmbecken, Wasserrutschen, Whirlpools und einem Restaurant. *Mo–Fr 10–23, Sa, So 10–19 Uhr, Eintritt 13 hfl., Maasboulevard 100*

KIRCHE

Grote oder St. Laurenskerk
Fast zwei Jahrzehnte, zwischen 1951 und 1968, dauerte die originalgetreue Restaurierung der spätgotischen kreuzförmigen Laurentius-Basilika, ursprünglich zwischen 1440 und 1488 erbaut. Von außen sind noch die zarten Bekrönungen der Treppentürmchen an den Querhausarmen und das Maßwerk der

Fenster original. Im Innern sind noch drei Grabmonumente aus dem 17. Jh. erhalten. *Di–Sa 10 bis 16 Uhr, Hoogstraat*

MUSEEN

Niederländisches Schulmuseum

★ Mit sehr viel Liebe zum Detail stellt man hier die Entwicklung des Schulbetriebes seit karolingischer Zeit dar. Es gibt sechs komplett eingerichtete Klassenzimmer aus verschiedenen Epochen. *Di–Sa 10–17, So 11–17 Uhr, Eintritt 5 hfl., Nieuwe Markt 1 a*

Sammlung Boymans-Van Beuningen

★ Das Museum hat internationalen Rang. Besonders die Malerei kommt hier zum Zug. Neben Werken von Hieronymus Bosch gibt es die ganze Garde des 17. Jhs.: Rembrandt, Rubens, Frans Hals, Jan van Steen, Jan van Goyen. Aber auch moderne Malerei ist eindrucksvoll vertreten: Dalí, Magritte, Kandinsky, Willink. *Di–Sa 10–17, So 11–17 Uhr, Eintritt 6 hfl., Mathenesserlaan 18–20*

Schiffahrtsmuseum Prins Hendrik

Wo, wenn nicht hier in Rotterdam, sollte es ein umfassendes Schiffahrtsmuseum geben. Es ist in einem hellen Neubau untergebracht. Vor dem Gebäude liegt ein 1868 in Dienst gestelltes Rammschiff der Königlichen Marine, das man besichtigen kann. An Kais daneben findet

»Kijk-Kubus« heißen die würfelförmigen Wohnungen von Piet Blom

man alte Kräne und Kähne. *Di bis Sa 10–17, So 11–17 Uhr, Eintritt 6 hfl., Leuvehaven 1*

PLÄTZE

Laurenskerkplein
Unterhalb des lesenden Erasmus von Rotterdam sind täglich Marktbuden aufgestellt. Zweimal in der Woche gibt es eine Sammlerbörse für Briefmarken, Münzen und antiquarische Bücher.

Spaanse Kade
Vor dem modern-originellen architektonischen Entwürfen eines Piet Blom am spanischen Kai laden Kaffeehaus- und Bierterrassen viel junges Volk zum Bleiben ein.

RESTAURANTS

Belo Horizonte
Hier wird Fisch nach Art der Kapverden gekocht: leicht, aber scharf. *Di–So 11–23 Uhr, Oostkousdijk 5 B, Tel. 0 10/4 25 72 89, Kategorie 2*

Boshut De Big
Große, den Tellerrand überlappende Pfannkuchen sind eine Spezialität in den Niederlanden und in diesem Lokal. Es gibt sie in vielen Varianten. Am besten sind aber die mit Speck. *Tgl. 10 bis 19 Uhr, Kralingseweg 20, Tel. 0 10/ 4 52 68 74, Kategorie 3*

Dewi Sri
★ Eines der besten Restaurants mit indonesischer Küche in den ganzen Niederlanden. Original indonesische Holzschnitzereien geben dem Gastraum Gemütlichkeit. *Mo–Fr 12–15 und 17.30–22.30 Uhr, Sa, So 17 bis22.30 Uhr, Westerkade 20–21, Tel. 0 10/4 36 02 63 und 4 36 05 17, Kategorie 1*

Fuji
Mädchen in Kimonos servieren ausgezeichnete japanische Gerichte. Sashimi vom Feinsten! *Mo–Fr 18.30–22.15 Uhr, Kruiskade 26–28, Tel. 0 10/4 14 33 38, Kategorie 1*

Gasterie Delfshaven
Das französische Restaurant in einem der kommodigen Speicherhäuser des alten Hafens ist gemütlich und sehr gut. Es hat ungewöhnliche Öffnungszeiten. *Mi–Fr 12–14.30, Sa, So 18–22 Uhr, Voorhaven 3, Tel. 0 10/ 4 77 51 81, Kategorie 1*

Het Seepaerdje
Das Fischrestaurant ist rustikal-gemütlich mit allerlei maritimen Sammlerstücken eingerichtet. *Mo–Fr 12–14.30 und 17–22.30 Uhr, So nur abends, Oostzeedijk 352, Tel. 0 10/4 13 12 78*

Hong Kong
★ Dieses chinesische Restaurant ist vor allem deshalb zu empfehlen, weil es verhältnismäßig zentral liegt und weil es zu einem angemessenen Preis sorgsam zubereitete und reichlich bemessene Speisen gibt. *Tgl. 12–23 Uhr, Westersingel 15, Tel. 0 10/4 36 64 63, Kategorie 3 und 2*

EINKAUFEN

Wenige Schritte vom World Trade Center entfernt befindet sich Rotterdams größtes Einkaufszentrum. In der L-förmigen Fußgängerzone ★ Lijnbaan gibt

Klaverjassen – das Nationalspiel

Über vier Millionen Niederländer spielen in ihrer Freizeit *klaverjassen*. Das ist ein Kartenspiel. Es wird zu viert gespielt. Die Mitspieler bilden zwei Teams und müssen, ähnlich wie beim Skat, möglichst viele punktreiche Stiche *(slagen)* bekommen. Die Trumpffarbe für das Spiel mit 32 Karten wird durch das Ziehen einer Karte ermittelt.

es neben zwei Kaufhäusern viele kleine Geschäfte.

Double Mix
Junge Mode, die bezahlbar ist. *Noordmolenstraat 70, Tel. 010/4653010, Karel Doormanstraat 356, Tel. 010/4148287*

Foto Graf
Hier kann man seinen Farbfilm in nur einer Stunde entwickeln lassen. *Meent 44, Tel. 010/4119105, Karel Doormanstraat 34 A, Tel. 010/4135511*

Goos Kroone
Der moderne Ausstattungsladen führt moderne Designer wie Bodum und Alessi. *Mariniersweg 313, Tel. 010/4145447*

Kadowinkel
Geschenkladen. Die Besitzer garantieren die Echtheit des angebotenen Kunsthandwerks aus Thailand, weil sie nur Eigenimporte verkaufen. *Frits Ruitsstraat 38 D, Tel. 010/4527440*

Valentine Lingerie
Exklusive Dessous. *Nieuwe Binnenweg 318 D, Tel. 010/4777431*

HOTELS

Emma
Das kleine Hotel ohne Restaurant – einige der besten asiatischen Gasthäuser der Stadt befinden sich ganz in der Nähe – liegt unweit der Sammlung Boymans van Beuningen. 26 Zi. *Nieuwe Binnenweg 6, Tel. 010/4365533, Kategorie 2*

Hilton International
Das Luxushotel liegt nur wenige Fußminuten vom Einkaufszentrum Lijnbaan entfernt. Und es hat – für manche von Vorteil – Rotterdams Spielcasino gleich im Untergeschoß. 250 Zi. *Weena 10, Tel. 010/4144044, Kategorie 1*

Inntel
★ Am interessanten Leuvehaven gelegen, hat dieses bestens geführte Haus einen strategischen Vorteil: Es bietet kurze Wege zu allen wichtigen Museen. Trotz City-Lage sind die Zimmer ruhig. Es gibt eine auch von Einheimischen gut besuchte Bar mit Blick auf architektonisch interessante Neubauten der Innenstadt und einen Teil des Hafens. 150 Zi. *Leuvehaven 80, Tel. 010/4134139, Kategorie 1*

KONZERTE – THEATER – TANZ

Konzert- und Kongreßbau De Doelen
Konzerte mit dem *Rotterdams Philharmonisch Orkest* im großen, mehr als 2000 Menschen fassenden Saal mit seiner berühmten

Akustik. *Kruisstraat 2, Tel. Reservierung: 010/4132490, Tel. Programm: 010/4142911*

Stadsschouwburg
Im modernen Stadttheater gibt es Oper, Tanz und Schauspiel; Eigenproduktionen u. a. vom *RO-Theater*, dem *Scapino-Ballett Rotterdam* und der *Rotterdamse Dansgroep. Schouwburgplein 24, Tel. Reservierung: 010/4118110, Tel. Programm: 010/4116929*

AM ABEND

Café Dizzy
Häufig überfülltes Jazzlokal. *'s-Gravendijkwal 127*

Le Bateau
In der Diskothek des Hilton-Hotels besteht Krawattenzwang. *Weena 10*

Theatercafé Plan-C
Am Wochenende herrscht Hochbetrieb, weil Livebands spielen. Der Eintrittspreis richtet sich nach dem Musikangebot. *Slepervest 1*

Voom-voom
Von sehr jungen Leuten bevorzugte Diskothek. *Lijnbaan 116*

AUSKUNFT

VVV Rotterdam
Coolsingel 67, Tel. 06/34034065

ZIEL IN DER UMGEBUNG

Schiedam
Ort (75 000 Ew.) direkt vor den Toren Rotterdams an der Mündung der Schie, bekannt vor allem durch den Genever, den man hier in früheren Jahrhunderten mit dem weichen Wasser der Schie gleich hektoliterweise brannte. Von dieser Tradition erzählt auch das Nationale Spirituosenmuseum in den Kellern des Städtischen Museums *(Di–Sa 10–17, So 12.30–17 Uhr, Hoogstraat 112)*.

Modernes Rotterdam: Fußgängerzone »Lijnbaan«

Mühlen machen Gärten fruchtbar

Das Hinterland durchqueren viele nur auf den Autobahnen zu Hollands Küste. Dabei lohnt hier jeder Abstecher

Manchmal möchte man einfach innehalten und bleiben, wenn man irgendwo im niederländischen Hinterland stehenbleibt und den Blick schweifen läßt. Mühlen drehen sich im Wind, Weiden reihen sich saftiggrün bis an den Horizont, malerische Häuser zieren den Kern von Städten, die, so scheint es, noch in direkter Verbindung mit dem Mittelalter stehen. Dieses Land hinter den Küstenprovinzen Groningen, Friesland, Nord- und Südholland und Seeland wirkt auf Betrachter nicht selten wie ein Gemälde. Gottlob kann man es heute immer noch so finden, wie die großen Maler des 17. Jhs., die Rembrandts und Vermeers, es seinerzeit gemalt haben. Aber wie sich diesem Teil der Niederlande nähern, das aus den Provinzen Drenthe, Flevoland, Gelderland, Limburg, Noord-Brabant, Overijssel und Utrecht besteht? Der streng alphabetischen Ordnung der MARCO POLO Führer folgend, haben wir uns entschlossen, die wichtigsten Städte und ihre nahe Umgebung in eben dieser Reihenfolge zu behandeln. Denn der Reisende wird im Zweifel gar nicht wissen, durch welche Provinz er gerade fährt. Das Ortsschild am Wege aber ist immer lesbar, der Ort also nachzuschlagen. Die Fülle des Angebots erfordert leider eine knappe Beschreibung

Die Windmühlen in Kinderdijk

AMERSFOORT

Immerhin eine Verbeugung ist hier fällig: Amersfoort (98 000 Ew.) ist der Geburtsort des großen niederländischen Malers Piet Mondrian, der eigentlich Pieter Cornelis Mondriaan hieß (1872–1944) und sich vom späten Impressionismus zum Kubismus entwickelte. Charakteristisch für das Städtchen an der Eem sind seine kleinen Gassen und Kanäle. Der Stadtkern ist ringförmig von Grachten umgeben. Das einst blühende Handelszentrum, das im Mittelalter besonders von seinen Brauereien und Webereien lebte, wirkt heute auf sympathische Art ein wenig verschlafen. (D 4)

BESICHTIGUNGEN

Amersfoortse Kei
Im Stadtpark liegt ein Findling, den im Jahre 1661 sage und schreibe 400 Männer im Triumphzug durch die Stadt gezogen haben sollen.

Onze-Lieve-Vrouwentoren
Der abgestufte, 100 m hohe Liebfrauenturm aus dem Jahr 1471 ist ein bedeutendes Bauwerk niederländischer Spätgotik.

KIRCHE

Grote oder St. Joriskerk
Der dreischiffige Bau mit Sandsteinportal beeindruckt durch Gewölbe- und Wandmalereien aus dem 14. und 15. Jh.

RESTAURANTS

De Drie Ringen
In einem alten sogenannten Mauerhaus ist eine kleine Brauerei untergebracht. *Mo–Sa 11–19 Uhr, Kleine Spui 18, Kategorie 2*

Monnickendam
Im gleichnamigen, sehenswerten Wassertor gibt es ein stimmungsvolles Restaurant. *Mo geschl., sonst mittags und abends, Kategorie 1*

ZIEL IN DER UMGEBUNG

Doorn
»Was ist Deutschland ohne den Kaiser, ohne mich? Nichts! Es sind eben alle zu Hause Proleten geworden.« Diese Sätze schrieb der abgesetzte Kaiser Wilhelm II. von Deutschland in Huis Doorn, das ihm von 1919 bis zu seinem Tod 1941 als Exil und Fluchtburg diente. Deutschland hatte Seiner Majestät 58 Eisenbahnwaggons mit kaiserlichem Privateigentum mitgegeben, das die Niederlande nach Kriegsende als feindliches Gut beschlagnahmten. Nach umfangreichen Renovierungen auf Schloß Doorn ist die Sammlung nun wieder für Besucher zugänglich. Auch der das Schloß umgebende Park, in dem Kaiser Wilhelm II.

MARCO POLO TIPS FÜR DAS BINNENLAND

1. **Burgers' Zoo**
Erleben Sie eine Safari mit exotischen Tieren (Seite 70)

2. **De Efteling**
Ein Märchenpark verzaubert groß und klein (Seite 77)

3. **Hoge Veluwe**
Der größte Naturpark lockt mit Wildtieren und einem van-Gogh-Museum (Seite 69)

4. **Kasteel Maurick**
»Brabanter Kaffeetafel« (Seite 77)

5. **Kinderdijk**
Mühlen satt (Seite 73)

6. **St. Pietersberg Grotten**
Ein kilometerweites Labyrinth (Seite 78)

7. **Utrecht**
An der Bischofs- und Universitätsstadt sollte keiner vorbeifahren (Seite 78–79)

in einem Mausoleum beigesetzt ist, kann besichtigt werden. *15. März–1. Nov. Di–Sa 10–17, So 13–17 Uhr, Eintritt 7,50 hfl.* (D 4)

APELDOORN

Das nicht ganz unbedeutende »Dorf« mit 142 300 Einwohnern hat bis heute keine Stadtrechte. Immerhin war es Willem III. von Oranien so wichtig, daß er 1685 hier am Rande seiner ausgedehnten Jagdgründe ein zauberhaftes Lustschloß bauen ließ. (E 4)

BESICHTIGUNG

Paleis het Loo
Das weiße Lustschloß am nördlichen Rand des Ortes inmitten eines schönen Parks ist wirklich sehenswert – vor allem nach der 1984 abgeschlossenen Restaurierung, nach der auch ein königliches Museum eingerichtet wurde. Das *Rijksmuseum Paleis het Loo* zeigt eine wunderbare Sammlung von alten Kutschen, Schlitten und Automobilen, die von der königlichen Familie zum Teil sogar noch benutzt werden. *April–Okt. Di–Sa 10 bis 17, So 13–17 Uhr, Koninklijk Park 1, Eingang Amersfoortseweg*

ZIEL IN DER UMGEBUNG

Hoge Veluwe
★ Hinter diesem Namen verbirgt sich das größte Naturschutzgebiet der Niederlande. Auf über 5500 ha erstrecken sich Heide, Flugsand und Heideseen mit einem einzigartigen Bestand an Großwild: Es gibt mehrere hundert Exemplare von Rot-, Muffel-, Reh- und Schwarzwild *(geöffnet tgl. von 8 Uhr bis Sonnenuntergang, Apeldoornseweg 250, Hoenderloo)*. Bedeutender allerdings in diesem Naturpark ist das *Rijksmuseum Kröller-Müller*, benannt nach den früheren Besitzern des Geländes, einer deutschstämmigen Familie aus Den Haag. Das Museum zeigt die wichtigste Van-Gogh-Sammlung außerhalb Amsterdams und besitzt großartige Werke von Malern wie Seurat, Braque, Picasso und Mondrian. Schließlich gibt es außerhalb des Museums den bedeutendsten Skulpturengarten Europas. *Di–Sa 10 bis 17 Uhr, So ab 11 Uhr (im Winter ab 13 Uhr).* Neuerdings gibt es außerdem *Het Museonder*, einen Naturkunde- und Geschichtslehrpfad (Öffnungszeiten wie oben). (D-E4)

ARNHEM

Der 17. September 1944 hat dem 893 erstmals urkundlich erwähnten und bereits 1233 mit Stadtrechten versehenen Ort besonders schlimm zugesetzt. An jenem Donnerstag im September landeten hier 10 000 englische Fallschirmjäger, um die Brücke von Arnheim freizukämpfen, die im Zweiten Weltkrieg beim Kampf der alliierten Truppen gegen Nazi-Deutschland entscheidende strategische Bedeutung hatte. Der Kampf ging zunächst verloren – und Arnheims historisches Stadtbild wurde fast völlig zerstört. Spötter meinen, das Beste an Arnheim (130 000 Ew.) sei der Blick von einer der die Stadt durchziehenden Autobahnen auf die Flußgabel von Niederrhein und IJssel. Ganz so ist es nicht. (D–E 4)

BESICHTIGUNGEN

Burgers' Zoo
★ Mit über 2000 Tieren ist dieser Safari-Park einer der bemerkenswertesten Tierparks der Welt. Mit einem Safarizug fährt man mitten durch »afrikanische Savanne«; man kann eine Schimpansen-Kolonie und die Gorilla-Insel besichtigen. *Tgl. 9–19 Uhr im Sommer (letzter Safarizug: 17 Uhr), 9 Uhr bis Sonnenuntergang im Winter (letzter Safarizug: 16 Uhr), Schelmseweg 85, Tel. 085/424534 oder 450373*

Duivelshuis
Das historische Haus von 1540 gehört heute zum modernen Rathauskomplex. Seinen Namen hat es wegen der fratzenhaften Skulpturen an der Fassade. *Grote Markt*

KIRCHE

Grote oder St. Eusebiuskerk
In der Weltkriegsschlacht um Arnhem ist diese spätgotische dreischiffige Basilika nahezu völlig zerstört worden. Mit großer Sorgfalt hat man die Pfarrkirche restauriert. Im Innern erhalten blieb nur der Renaissance-Marmorsarkophag des Karl von Egmont, Graf von Geldern. *Ende Mai–15. Sept. Mi–Sa 11–16 Uhr, Grote Markt*

MUSEEN

Nederlands Openluchtmuseum
Das gleich neben dem Safaripark ★ »Burgers' Zoo« gelegene Volkskundemuseum gibt einen Überblick über das niederländische Alltagsleben vergangener Jahrhunderte. Ländliche Wohnformen von den authentischen, mit Grassoden bewachsenen *plaggenhutten* bis zu einem Großbauernhof werden dokumentiert. *1. April–1. Nov. Di–Fr 9–12 und 12.30–17 Uhr, Sa und So 10 bis 17 Uhr, Schelmseweg 89*

Robbers & van den Hoogen
In den Kellern der alten Weinhandlung ist das Niederländische Weinmuseum untergebracht. Die vinologische Sammlung umfaßt 2 Millionen Flaschen. Zum Kosten gibt es 200000 Liter Wein auf Fässern. *Mo–Do 9–17.30, Fr 9–22, Sa 10 bis 15 Uhr, Velperweg 23*

RESTAURANTS

Begijnemolen
Die ehemalige Wassermühle liegt im schönen Sonsbeekpark gleich hinter dem Bahnhof. Empfehlenswert sind die Forellen aus eigener Zucht. *Mo geschl., Zypendaalseweg 28, Tel. 085/433963, Kategorie 2*

Koornmarkt
Rund um den städtischen Platz gibt es zehn internationale Speiserestaurants bis hin zum koreanischen Grill »Bul Gogi«, dazu 24 Kneipen und vier Diskotheken.

HOTEL

Rijnhotel
Traditionshaus am Ufer des Niederrheins. 57 Zi. *Onderlags 10, Tel. 085/434642, Kategorie 1*

BREDA

Die Stadt in Nordbrabant (120000 Ew.) ist durch ein berühmtes Gemälde bekannt, das auf die wechselvolle Geschichte des Ortes hinweist. »Las Lanzas«, auch: »Die Übergabe von Breda« des spanischen Malers Velázquez hängt heute im Madrider Prado. Es zeigt eine Szene der Rückeroberung der Stadt durch den spanischen Feldherrn Spinola im Jahr 1625. Zuvor, nämlich 1590, hatte Prinz Moritz von Oranien Breda den Spaniern durch eine geradezu trojanische List entrissen: Er war mit 70 auf einem Torf-Schiff versteckten Soldaten in die Stadt eingedrungen. So gesehen ist das in einer malerischen und bei Touristen sehr beliebten Umgebung gelegene Breda auch der Ausgangspunkt für die Herrschaft der Oranier in den Niederlanden. (C 5)

BESICHTIGUNGEN

Begijnhof
Der Beginenhof – Beginen waren unverheiratete Frauen oder Witwen, die sich aus wirtschaftlichen oder religiösen Gründen zu klosterähnlichen Gemeinschaften zusammentaten – hat eine sehenswerte Kapelle und einen Garten mit über 300 verschiedenen Kräutern. *Tgl. 7.15 bis 20 Uhr, Catharinastraat*

Kasteel
Das von Wasser umgebene Renaissance-Schloß aus dem 15. Jh. beherbergt heute die niederländische Militärakademie und ist deshalb nur während eines organisierten Rundgangs des Fremdenverkehrsamtes VVV *(Willemstraat 17–19, Tel. 076/22 24 44)* zu besichtigen. Der Hof ist allerdings frei zugänglich. Ganz in der Nähe liegt der Schloßgarten Bouvigny mit einer einzigartigen Fuchsiensammlung. *Mo–Fr 9–16 Uhr*

Vismarkt
Die offene Fischmarkthalle am Hafen wird von dorischen Säulen aus dem 18. Jh. getragen.

HOTEL

Mastbosch
Das bekannte Haus liegt am Stadtrand in Waldnähe. 51 Zi. *Kerstenslaan 20, Tel. 076/65 00 50, Kategorie 1*

ZIELE IN DER UMGEBUNG

Geertruidenberg
Von hier starten im Sommerhalbjahr Bootsrundfahrten durch die Deltalandschaft Biesbosch mit ihren landwirtschaftlich genutzten Inseln und viel unberührter Natur. Auskunft erteilt die *Reederei Zilvermeeuw, Tel. 0 16 26/ 8 26 09* (C 5)

Oudenbosch
Im Zuavenmuseum *(Am Markt 31)* wird an den Kampf der römisch-päpstlichen Truppen um den Kirchenstaat erinnert. Außerdem gibt es am Ort eine Nachbildung des Petersdoms im Maßstab 1:16 aus dem letzten Jahrhundert. (B 5)

Raamsdonksveer
An der Autobahn von Breda nach Utrecht befindet sich das Nationale Automuseum, in dem über 100 Oldtimer zu sehen sind. Die Väter können sich in aller Ruhe umsehen: Für die Kinder gibt es einen riesigen Spielplatz. *Mo–Sa 9–16.45, So 11 bis 16.45 Uhr* (C 5)

Die Stadtwaage der Käsestadt Gouda

Willemstad
Der Ort mit der ältesten protestantischen Kirche der Niederlande (1607) hat einen gut erhaltenen historischen Kern. Westlich davon findet man die größten Binnenschiffahrtsschleusen der Welt mit Aussichtsturm. (B 5)

Zevenbergen
In dem westlich von Breda gelegenen Ort gibt es zwei der besten Gasthäuser der Gegend: den Bauernhof *De Zeven Bergsche Hoeve* mit seinen Fischspezialitäten *(Schansdijk 3, Tel. 0 16 80/2 41 16, Mo geschl., Kategorie 2)* und *La Sirene*, das Feinschmeckerlokal des Ehepaars van Vijfeijken *(Noordhaven 68, Tel. 0 16 80/2 88 44, Kategorie 1)*. (C 5)

DORDRECHT

Einst machte die Hafenstadt (110 000 Ew.) aus ihrer Insellage mitten in der Flußgabel von Oude Maas/Noord-Beneden/Merwede viel Geld. Denn man konnte Zoll erheben. Die noch heute sichtbare und beeindruckende Folge: Am Hafen gibt es jede Menge wunderschöner Giebelhäuser. Insgesamt hat diese Stadt über 800 Baudenkmäler. (C 4)

BESICHTIGUNG

Groothoofdspoort
Als einziger Rest der mittelalterlichen Stadtmauer ist das im 17. Jh. barock umgestaltete große Haupttor erhalten. Es steht direkt am Wasser.

KIRCHE

Grote oder Onze-Lieve-Vrouwekerk
Die unweit der Hafenbecken gelegene Liebfrauenkirche gehört zu den bedeutenden Sakralbauten der Niederlande. Sie ist zudem die einzige mit einem ganz in Stein überwölbten Langhaus.

Feuersbrünste und Sturmfluten verzögerten den Bau, der in den 80er Jahren des 13. Jhs. begonnen worden sein dürfte, bis in die zweite Hälfte des 15. Jhs. Das Chorgestühl ist ein eindrucksvolles Werk mittelalterlicher Holzschnitzerkunst. Sehenswert ist auch die Marmorkanzel mit ihrem reichverzierten Schalldeckel. *Mai–Sept., Di–Sa 10–12 und 14–16 Uhr*

RESTAURANTS

De Crimpert Salm

Die Kneipe mit Snack-Angebot ist bei jungen Leuten sehr beliebt. *Visstraat 3–7, Kategorie 3*

De Stroper

Feines, malerisch gelegenes Fischrestaurant. *Wijnbrug 1–3, Tel. 078/13 00 94, Kategorie 1*

Marktzicht

Ebenfalls hervorragenden Fisch kann man in diesem stets übervollen Gasthaus essen. *Varkensmarkt 17, Tel. 078/13 25 84, Kategorie 2*

AUSKUNFT

VVV Dordrecht

Stationsweg 1, Tel. 078/13 28 00

ZIELE IN DER UMGEBUNG

Gouda

Endlich wieder einmal Käse! Mitten in der Stadt (66 000 Ew.), vor Rathaus und historischer Waage von 1668, findet im Sommer *(Juni bis Aug., Do 10.30–12.30 Uhr)* der Käsemarkt statt. Außerdem kann man rund um Gouda in vielen kleinen *kaasboerderijen* Bauern beim Käsemachen zuschauen. Das Land um Gouda entlang der Flüsse IJssel, Lek und Vlist lädt zu Radtouren ein. (C4)

Kinderdijk

★ Am Weg von Dordrecht nach Rotterdam, gleich hinter dem Lek-Deich, befindet sich eines der meistfotografierten Motive des ganzen Landes: Kinderdijk. Die Legende besagt, daß der »Kinderdeich« so heißt, weil in der Gegend eine geradezu biblische Geschichte stattgefunden habe. Im Jahre 1421 soll an jener Stelle ein Weidenkorb mit einem Baby und einer Katze gestrandet sein. Berühmt wurde Kinderdijk allerdings durch seine Windmühlen, die hier seit 1740 für die Entwässerung sorgen: 19 Exemplare stehen auf engem Raum nebeneinander. Sie sind zeitweise in Betrieb *(Juli bis Aug. Sa und So nachmittags, sonst am 1. Sa im Monat)*. Eine der Mühlen kann besichtigt werden. *(April bis Sept. Mo–Sa 9.30–17.30 Uhr)*. (C4)

EDAM

Schon wieder Käse! Aber räumen wir gleich mit einem Irrtum auf: Die rote Rinde des runden Edamers ist nur für die Touristen typisch. Deshalb wird er ihnen auch überall in dem kleinen Städtchen (25000 Ew.) am IJsselmeer so angeboten. Die Niederländer essen zwar auch Edamer Käse, kaufen ihn aber in gelber Rinde. Erfunden wurde die rote Rinde nämlich für die unwissenden Ausländer, damit sie Holländer Käse von Holländer Käse unterscheiden können, nämlich Edamer von Gouda. Ebenfalls nur noch aus touristischen Gründen findet im Sommer ein Käsemarkt statt *(11. Juli–15. Aug. Mi 10–13 Uhr)*, der allerdings einem Vergleich mit dem großen ★ Käsemarkt in Alkmaar (siehe dort) nicht standhält. (C3)

AUSKUNFT

VVV Edam
Damplein 1, Tel. 0 29 93/7 17 27

ZIELE IN DER UMGEBUNG

Hoorn
Die Namen dieses historischen Hafens (21 000 Ew.) kennt man aus einer ganz anderen Ecke der Welt. Der in Hoorn geborene Kapitän Schouten gab der Südspitze Südamerikas, als er sie umsegelte, den Namen seiner Heimatstadt. Am Hafen beschleicht

Kap Hoorn ist nach diesem kleinen nordholländischen Ort benannt

einem auch heute noch das Gefühl, als müßte gleich ein Kauffahrer aus Ost-Indien unter vollen Segeln hier einlaufen. Hier gibt es auch eines der landesweit besten Restaurants: »De Oude Rosmolen« *(Tel. 02290/14752, Do geschl., Kategorie 1)*(C 2–3)

Volendam
Kitsch pur! Reiseunternehmer, die ihren Fahrgästen das »typische« Holland zeigen wollen, karren diese in Hunderten von Bussen täglich hierher. In den verwinkelten Gassen trägt man nämlich noch Tracht. Man weiß ja, was man den Touristen schuldig ist. Sie bringen das Geld und kaufen alles, was irgendwie nach Holland aussieht – auch wenn es aus fernöstlicher Massenproduktion stammt. (C 3)

's-HERTOGENBOSCH

Die Hauptstadt von Nordbrabant (92000 Ew.) mit ihrem historischen Stadtkern ist ein kleines Schmuckstück. Bastionen, Rondelle, Mauer- und Wallreste erinnern an die mittelalterliche Festungsstadt. Den Bosch, wie die Niederländer auch gern zu dieser Stadt sagen, strahlt alles das aus, was Brabant schon immer von anderen Regionen im Lande unterschieden hat. Man lebt katholischer und barocker als etwa die protestantisch-schlichten Friesen im Norden. Das äußert sich nicht zuletzt auch beim Essen. Nordbrabant gilt als Schlemmerecke der Niederlande, was sich in einer ganz besonderen Eß-Gewohnheit widerspiegelt, nämlich der *Brabantse koffietafel*. Das ist ein herrlich närrischer Etikettenschwindel. Denn hinter dem ein wenig verzopften Namen »Brabanter Kaffeetafel«, bei dem man vielleicht an Kaffee und Kuchen denkt, verbirgt sich eine Völlerei ohnegleichen. So beginnt die Kaffeetafel mit einer kräftigen Gemüsesuppe. Danach kommt so gut wie alles auf den Tisch, was Ackerbau und Viehzucht hergeben: gebratene Würste und Schweinsbraten, gebackene Blutwurst und gekochte Eier, verschiedene geräucherte und gekochte Schinken, Mettwürste und selbstgemachte Sülze, etliche holländische Käsesorten, fünferlei Brot und noch ein paar Marmeladen. Zur Verdauung schießlich gibt's *brandewijn met suiker*, das ist Genever mit Kandiszucker, und eben dampfenden heißen Kaffee. Noch Fragen zur *koffietafel* in Brabant? (C–D 5)

BESICHTIGUNGEN

Man kann sich die Stadt auf einer Bootsrundfahrt erschließen. Sie startet am *Janssingel* im historischen Teil *(April–Sept. Di–So stdl. 11–17.30 Uhr)*.

Stadhuis
Am dreieckigen Marktplatz steht das klassizistische Rathaus. In der Eingangshalle gibt es Wandgemälde des Fin-de-siècle-Malers Antoon Derkinderen. Im Ratssaal hängt eine schöne Gobelin-Serie aus dem Jahre 1679. Vor dem Rathaus findet man ein Standbild des berühmtesten Sohnes der Stadt: des Malers Hieronymus Jeroen Bosch (1450 bis 1516), der mit seinen dämonischen, alle Kunststile ignorierenden Gemälden seiner Zeit weit voraus war.

Zwanenbroederhuis
Eine der ältesten religiösen Vereinigungen in den Niederlanden ist seit 1318 die *Illustre Lieve Vrouwe Broederschap*, die man auch »Schwanenbruderschaft« nennt, weil bei ihren jährlichen Festgelagen Schwäne serviert wurden. In dem ungewöhnlichen neugotischen Bau aus dem Jahr 1846 sind in einem kleinen Museum kostbare Gesangbücher aus dem 15. und 16. Jh. ausgestellt. *Fr 11 bis 15 Uhr, im August geschl., Hinthamerstraat 94*

KIRCHE

St. Janskathedraal
Die in der zweiten Hälfte des 14. Jhs. erbaute und Johannes dem Täufer geweihte Kathedrale gilt als die schönste mittelalterliche Kirche der Niederlande. Gleichzeitig ist sie mit einer Länge von 115 m und einer Breite von 62 m auch die größte. Die kreuzförmige Basilika mit ihren fünf Schiffen hat einen großartigen Chor, der von sieben Kapellen umgeben wird. Bemerkenswert ist der Flügelaltar aus der Antwerpener Schule um 1500. Das Jesulein auf dem Arm der Madonna am Marienportal hat die Gesichtszüge Napoleons – ein Dank an den Kaiser, der den Katholiken 1810 ihre Kathedrale zurückgegeben hatte. Ein modernes Glockenspiel mit 50 unterschiedlichen Glocken wird einmal in der Woche angestimmt *(Mi 11.30 bis 12.30). Tgl. 7–17 Uhr, im Sommer kann der Turm bestiegen werden, Parade*

MUSEEN

Kruithuis
Im ehemaligen Pulverturm der Zitadelle ist ein Museum für moderne Kunst untergebracht. *Di bis Sa 11–17, So ab 13 Uhr, Citadellaan*

Noordbrabants Museum
Im 1987 modernisierten ehemaligen Gouverneurshaus aus der Zeit Ludwigs XVI. ist die Geschichte Brabants dargestellt. *Di–Fr 10–17, Sa 11–17, So 13 bis 17 Uhr, Bethaniëstraat 4*

RESTAURANT

De Raadskelder
Die Gewölbe des gotischen Ratskellers blieben beim klassizistischen Umbau des Ratskellers verschont. Man bekommt sehr gute regionale Küche serviert. *So und Mo geschl., Markt 1a, Tel. 073/56 25 14*

AUSKUNFT

VVV 's-Hertogenbosch
Markt 77, Tel. 073/12 30 71

Kaffeeklatsch mit Keksen

Zur holländischen Gemütlichkeit gehört das *kopje koffie*, das Täßchen Kaffee. Es wird serviert, wenn Besuch kommt, übrigens auch im Geschäftsverkehr. Zum Kaffee – den es in den meisten Familien nicht zum Frühstück gibt, dann trinkt man nämlich Tee – zum *koffie* also kreist die *koektrommel*. Aus der Gebäckdose nehmen sich alle Gäste eine kleine Leckerei zu ihrem Schluck Kaffee.

ZIELE IN DER UMGEBUNG

De Efteling

★ Der Ausflugspark ist sicher der märchenhafteste im ganzen Land. Ursprünglich nur ein kleiner Märchenwald, entwickelte sich das Areal westlich von Den Bosch zu einem Fantasy-Park von Weltformat, in dem die 45 m in die Höhe fahrende Pagode zu den größten Attraktionen zählt. *Ende März–Ende Okt., tgl. 10–18 Uhr, Eintritt 30 hfl., Kaatsheuvel, Tel. 0 41 67/8 81 11* (C 5)

Eindhoven

Vor über hundert Jahren, genau 1891, ließ Gerard Philips hier in einer winzigen Fabrik am Emmasingel seine ersten Glühbirnen blasen. Der nach ihm benannte Weltkonzern bestimmt das Bild der Stadt (190 000 Ew.). (D 5)

Heusden

Eine Bürgerinitiative hat dieses Festungsstädtchen an der Maas in jahrelanger akribischer Kleinarbeit originalgetreu restauriert. Künstler leben hier und verkaufen ihre Bilder. In kleinen Gaststätten gibt es gute Regionalküche. Nach Verabredung mit dem Fremdenverkehrsbüro *(VVV, Engstraat 4, Tel. 0 41 62/21 00)* kann man eine Führung durch den Ort bekommen. (C 5)

Nuenen

Hommage à Vincent van Gogh! Hier bei Eindhoven lebte er von 1883 bis 1885, hier malte er sein berühmtes Bild »Die Kartoffelesser« und hier befindet sich das Van-Gogh-Dokumentationszentrum, in dem man ein Faltblatt bekommt, das einen zu den Motiven des Malers führt. (D 5)

Vught

Der südliche Villenvorort von Den Bosch lohnt nicht nur wegen der dichten Wälder mit zahlreichen Wanderwegen einen Abstecher. Interessant ist vor allem das ★ *Kasteel Maurick* aus dem 16. Jh. – und zwar nicht als Bauwerk, sondern als Restaurant. Hier serviert man nämlich die »Brabanter Kaffeetafel«. Wir erinnern uns: eine rechte Völlerei. Deshalb kann, wer nicht weiterziehen mag, hier auch übernachten *(Tel. 0 73/57 91 08, Kategorie 2)*. (C-D 5)

LELYSTAD

Erst 1986 erhielt das durch Trokkenlegung aus der Zuiderzee gewonnene Flevoland den Status einer Provinz. Sie lebt hauptsächlich vom Fremdenverkehr. Denn auf der angrenzenden Zuiderzee läßt sich's gut segeln und surfen. Lelystad, der Name der Provinz-Hauptstadt, geht auf den Erbauer des Zuiderzee-Dammes Cornelius Lely zurück. Am Hafen gibt es viele Möglichkeiten, ein Boot zu mieten. Über die Trockenlegung der Provinz informiert das Informationszentrum *Nieuw Land (tgl. 10–17 Uhr, Oostvaardersdijk)*. (D 3)

RESTAURANTS

Raedtskelder

Kenner halten es für das beste Gasthaus der Stadt. *Maerlant 14, Tel. 0 32 00/2 23 25, Kategorie 1*

Rivendal

Die beste Adresse der gesamten Provinz findet sich am Hafen der Nachbarstadt Almere. *Kruisstraat 33, Tel. 0 32 40/1 90 00*

Urk
In dem Ort nördlich von Lelystad gibt es die besten Fischrestaurants. Die bekanntesten Namen: *Havenzicht, De Kaap* und *Wapen van Urk.*

AUSKUNFT

VVV Lelystad
Agorahof 4, Tel. 03200/43444

MAASTRICHT

In der Hauptstadt der Provinz Limburg (116 000 Ew.) im äußersten südlichen Zipfel der Niederlande herrscht eine eigene Weltoffenheit. Die Maastrichter fühlen sich fast mehr zu den Belgiern in Lüttich oder zu den Deutschen in Aachen hingezogen als zu ihren Landsleuten im »fernen« Amsterdam oder Den Haag. (O)

BESICHTIGUNGEN

St. Pietersberg Grotten
★ An Maas und Jeker findet man ein 200 km langes Labyrinth aus über 300 Gängen. Während des Zweiten Weltkriegs dienten die Grotten als Depot für niederländische Kunstwerke, die es vor den deutschen Besatzern zu verstecken galt. *Ostern–Sept., tgl. mehrere Führungen, sicher: eine um 14 Uhr, Eingang Nord-Grotten: Luikerweg 71, Eingang Süd-Grotten: Slavante 1, bei den ENCI-Werken*

KIRCHEN

Onze-Lieve-Vrouwekerk
Im schönsten romanischen Bauwerk der Niederlande gibt es eine sehenswerte Schatzkammer. *Mo–Sa 11–17, So 13–17 Uhr, O. L. Vrouweplein*

RESTAURANTS

Man spürt die Nähe Belgiens und Frankreichs. In den meisten Gasthäusern läßt sich hervorragend essen. Man findet besonders viele um den *Vrijthof* herum.

AUSKUNFT

VVV Maastricht
Het Dinghuis, Ecke Kleine Straat/Jodenstraat, Tel. 043/252121

ZIELE IN DER UMGEBUNG

Mechelen en Epen
Über dem Tal der Geul stehen die schönsten Fachwerkhäuser in den südlichen Niederlanden.

Vaals
Am Dreiländerpunkt gibt es je einen belgischen, deutschen und niederländischen Grenzstein. Außerdem kann man den höchsten Berg der Niederlande besteigen: Der Vaalser Berg ist 322,5 m hoch. (O)

UTRECHT

★ Es ist nicht leicht, durch das Gewirr von Ring- und Schnellstraßen rund um Utrecht (250 000 Ew.) in das historische Herz dieser Bischofs- und Universitätsstadt vorzustoßen. Die Ankunft am Bahnhof im modernen Einkaufszentrum *Hoog Catharijne* macht manches leichter. Trotzdem sollten auch Autofahrer an Utrecht nicht vorbeifahren. (C 4)

BESICHTIGUNGEN

De Uithof
Das ist das Utrechter Universitätsviertel. Auf dem Gelände

einer alten Festungsanlage mit Wassergraben befindet sich der sehenswerte botanische Garten der Uni. *Mo–Fr 8.30–16.30 Uhr*

Oude Gracht
Hier tobt das Leben. Gleichzeitig ist es die schönste Ecke der Utrechter Altstadt.

Paushuize
Das vornehme Haus wurde ab 1517 für den einzigen niederländischen Papst Hadrian VI. (1459–1523) gebaut. Der Heilige Vater, der in Utrecht geboren war, hat aber nie darin gewohnt. *Ecke Pausdam/Kromme Nieuwe Gracht*

KIRCHEN

Die viertgrößte Stadt der Niederlande war immer das Zentrum des katholischen Glaubens. Es ist unmöglich, in diesem Führer die Fülle der Sakralbauten zu erfassen. Das Fremdenverkehrsamt hält aber einen eigenen Führer zu den Kirchen bereit.

Dom
Besonders beeindruckend ist der Domturm, der mit 112 m höchste Kirchturm im Lande. Von ihm hat man einen herrlichen Überblick über die Stadt. Es geht exakt 465 Stufen hinauf. *Mai bis Mitte Sept. tgl. 8–21 Uhr, sonst 10 bis 17 Uhr, Turmbesteigung möglich: April–Okt. tgl. 10–17 Uhr, sonst Sa und So 12–17 Uhr*

MUSEEN

Douwe Egberts
Die Pfeifenkammer mit Kaffee- und Teekabinett der großen alten Markenfirma entstand seit 1753. Wer die Sammlung besichtigen möchte, muß sich anmelden. *Vleutenstraat 35, Tel. 030/ 979111*

Het Kruideniersmuseum Erven Boetje Boerhave
Über einem alten Krämerladen befindet sich ein Museum des Kolonialwarenhandels. *Mo 14 bis 16.30 Uhr, Di–Sa 10–16.30 Uhr, 't Hoogt 6*

Nationaal Museum van Speelklok tot Pierement
Das nationale Spieluhren- und Drehorgelmuseum ist eine der lustigsten Sammlungen des Landes. Alles was nur irgendwie mechanisch pfeift und trällert und musiziert, bekommen sie hier in bunter Anhäufung zu sehen. *Ab 13 Uhr finden tgl. Führungen statt. Di–Sa 10–16, So 13 bis 16 Uhr*

EINKAUFEN

Bauernmarkt
Zum Wochenmarkt kommen alle Bauern aus der Gegend. *Fr 12–18 Uhr, Vredenburg*

Blumenmarkt
Utrecht hat gleich zwei davon zu bieten. Unverständlicherweise finden beide am Samstag statt. *8–17 Uhr Oude Gracht, 7–16 Uhr, Janskerkhof*

Hoog Catharijne
Das größte Einkaufszentrum des Landes befindet sich gleich am Bahnhof.

AUSKUNFT

VVV Utrecht
Vredenburg 90, Tel. 06/34035085

BU20
YE 36

Wo die Wellen die Luft salzig machen

Die Küste ist das Kapital der Niederlande. Denn hier und auf den Westfriesischen Watteninseln blüht der Fremdenverkehr

Sie hat etwas eigenartiges, die Küste der Niederlande. Sie zieht an wie ein Magnet, und genauso hält sie auch fest. Viele Urlauber, gerade in den heißen Sommermonaten Juli und August, rauschen (zu Unrecht, wie ja auch dieser Führer zeigt) durch den Rest der Niederlande hindurch und bleiben (wieder zu Unrecht, weil die Entfernungen im Lande nun wirklich keine Affäre sind) für die gesamte Dauer ihrer Ferien am gleichen Ort. Und doch gibt es auch dafür gute Gründe. Denn die Küste der Niederlande mit ihren vorgelagerten Inseln im westfriesischen Watt hat besonders schöne Flecken – und das in einer Vielzahl, wie sie sich in diesem Führer gar nicht erfassen läßt. Deshalb ein Tip: Versuchen Sie, von Ihrem Urlaubsort aus immer noch eine Düne mehr zu übersteigen, noch eine Bucht weiterzugehen, dann werden Sie selbst zur Hochsaison Ihr eigenes Idyll finden.

Rostrot ist die traditionelle Farbe für die Segel der hölzernen friesischen Flachbodenschiffe

ALKMAAR

Im Mittelalter, von dem in diesem Städtchen (90 000 Ew.) noch viele gut erhaltene Gebäude und an manchen Stellen die kopfsteingepflasterten Gassen zeugen, diente ein raffiniertes System aus Bollwerken, Kanälen und Zugbrücken der Verteidigung. Heute bleiben die Zugbrücken unten, weil die Küsten-Touristen in Scharen kommen (sollen) – besonders am Freitag, wenn Käsemarkt ist. (C2)

BESICHTIGUNG

Käsemarkt

★ Käsegilden, die es seit über 370 Jahren gibt, haben das Geschehen auf dem freitäglichen Käsemarkt streng geregelt. Früher gab es sogar Geldstrafen für Käseträger, die zu spät kamen. *Mitte April–Mitte September, Fr 10–12 Uhr, Waagplein*

MUSEEN

Kaasmuseum

Das sehenswerte Käsemuseum von Alkmaar ist in einem Teil der

Käse aus Alkmaar

Waage untergebracht. Man findet viel Wissenswertes über die Käsetradition in den Niederlanden. Ein interessantes Dokument sind die Benimmregeln für den Käsemarkt aus dem Jahr 1751. Eine der ersten Regeln lautete: *vloeken verboden!* – Fluchen verboten! *April–Okt. Mo–Sa 10–16, an Markttagen ab 9 Uhr, Waagplein*

Biermuseum
In einer ehemaligen Brauerei ist ein Biermuseum mit Probierstube untergebracht. *Di–Sa 10–17, So 13–17 Uhr, Tel. 072/11 38 01*

AUSKUNFT

VVV Alkmaar
Waagplein 3, Tel. 072/11 42 84

ZIELE IN DER UMGEBUNG

Broek op Langendijk
Nördlich von Alkmaar findet die älteste Gemüseversteigerung des Landes statt, an der auch Besucher teilnehmen können. Sie ist besonders malerisch, weil sie mitten im Seenland auf Kähnen durchgeführt wird. *April–Sept. Mo–Fr 10–17 Uhr*

Egmond aan Zee
Bei dem kleinen Badeort gibt es einen an europäischen Küsten selten gewordenen ★ Dünenwald, den man auf vorgegebenen Pfaden durchstreifen darf. Im Ort, direkt an der Strandpromenade, findet man das Hotel »Bellevue« *(ganzjährig, Tel. 0 22 06/ 13 76, Kategorie 2)* mit einem empfehlenswerten französischen Spezialitätenrestaurant.

BERGEN OP ZOOM

Die Stadt (45 000 Ew.) am Schelde-Rhein-Kanal ist ein idealer Ausgangspunkt für Entdekkungsfahrten in das Deltagebiet von Schelde, Maas und Rhein. Einst selber an der Oosterschelde gelegen, war Bergen am Saum *(zoom)* zwischen Nordbrabant und Seeland seit dem 16. Jh. eine stark befestigte Grenzstadt. Im 16. und 17. Jh. hielt sie gleich mehreren Belagerungen durch Italiener und Spanier stand. (B 5)

BESICHTIGUNG

Markiezenhof
Das spätgotische Wohnhaus gehörte einst dem Marquis von Brabant. Heute ist in dem Gebäude die größte kulturgeschichtliche Sammlung der südlichen drei Provinzen untergebracht. *Mitte Juni–Mitte Aug. Di bis Fr 10–17 Uhr, Sa und So 13–17 Uhr, sonst Di–So 14–17 Uhr*

HOTEL

De Draak
Das gepflegte, zentral gelegene Haus ist eines der ältesten Hotels der Niederlande, ist aber mit modernem Komfort eingerichtet.

34 Zi. *Ganzjährig, Grote Markt 36–38, Tel. 0 16 40/3 36 61*

AUSKUNFT

VVV Bergen op Zoom
Hoogstraat 2 und Beursplein 6–7, Tel. 0 16 40/6 60 00 (B5)

ZIELE IN DER UMGEBUNG

Domburg
Das älteste Seebad der Niederlande – schon 1834 standen Badekarren am Strand – hat viel von seinem Charme erhalten. Es ist von einem weitläufigen Dünengelände umgeben. (A 5)

Middelburg
In der schönen Hauptstadt (40 000 Ew.) der Meeresprovinz Seeland herrscht die rote Farbe des Backsteins vor. Das alte Gemäuer der Häuser, von denen viele nach deutschen Luftangriffen im Zweiten Weltkrieg ausgebrannt waren, ist sorgfältig restauriert worden. Besonders sehenswert ist die *Abdij* mit dem achtekkigen Abteiturm *Lange Jan (Turmbesteigung: Ostern–Okt. Mo–Sa 10–17 Uhr, in der Saison auch So 10–12 und 14–17 Uhr)*. Ein Erlebnis ist auch der Park *Miniatuur Walcheren* am *Molenwater*. 200 bekannte südniederländische Gebäude sind im Maßstab 1:20 nachgebaut *(April–Okt. tgl. 9.30–17 Uhr). Auskunft: VVV, Markt 65 a, Tel. 0 11 80/1 68 51* (A 5)

Vlissingen
Es gibt einen langen, windgeschützten Sandstrand. Im Süden der Stadt (47 000 Ew.) hat man

MARCO POLO TIPS FÜR DIE KÜSTE

1. **Austernfischer in Yerseke**
Holen Sie sich Appetit bei den Fischern und schlemmen Sie im Dorf (Seite 84)

2. **Automuseum in Assen**
Wer Oldtimer mag, bekommt leuchtende Augen (Seite 85)

3. **Dünenwald bei Egmont aan Zee**
Eine Natur-Seltenheit lädt zum Spaziergang ein (Seite 82)

4. **Frans-Hals-Museum in Haarlem**
Einer aus der großen Zeit niederländischer Malerei zeigt seine Kraft (Seite 85)

5. **Käsemarkt in Alkmaar**
Hier ist alles fotogen, aber auch immer noch ursprünglich (Seite 81)

6. **Viehmarkt in Leeuwarden**
Die besten Kühe gibt es nur in Friesland (Seite 85)

7. **Wattwandern in den Kennemerduinen**
Der Spaziergang über den Nordsee-Schlick ist äußerst gesund – auch im Winter (Seite 86)

8. **Westfriesische Inseln**
Welche man aussucht, ist eine Temperamentsfrage, aber wenigstens eine sollte man sehen (Seite 86–87)

Strand bei Renesse auf der Insel Schouwen-Duiveland

einen schönen Blick über das Meer. Und wer etwas erleben möchte, kann in der Fischerei- und Fährstadt die Fischauktion *Vismijn* am *Binnenhafen* besuchen *(Mo–Do ab 7 Uhr)*. (A 5)

Yerseke

★ Das Dorf lebt von Austern- und Muschelzucht. Riesige Bassins, an denen spitzwinklige Fischerhäuschen stehen, enthalten die Tiere, die dann gewaschen und für den Versand vorbereitet werden. Stände, an denen man die bei Feinschmeckern hoch gehandelten Austern schlürfen könnte, sucht man vergebens. Dafür gibt es im Dorf gleich mehrere Gasthäuser, die gut und reichlich servieren – und zwar alle das gleiche: Seeländer Fischsuppe, sechs Austern und gegrille Seezunge. Der Preis des Menüs liegt bei 50 hfl. (B 5)

GRONINGEN

Die Hauptstadt der gleichnamigen Provinz zieht mit ihren belebten Einkaufsstraßen, mit den weithin bekannten Fisch-, Blumen- und Trödelmärkten Tagesbesucher aus einem weiten Umkreis an (170 000 Ew.). (F 1)

BESICHTIGUNGEN

Hofjes

Es gibt in Groningen zahlreiche wunderschöne Wohnhöfe, die auch zugänglich sind. Man findet sie am *Munnekeholm*, in der *Gasthuisstraat* und am *Rademarkt*.

Korenbeurs

Die 1865 neoklassizistisch umgebaute Getreidebörse ist die bedeutendste der Niederlande und eine der größten ganz Westeuropas. *Vismarkt*

MUSEUM °

Hogeland

Vor den Toren der Stadt findet man das niederländische Freilichtmuseum mit Zeugnissen des bäuerlichen Lebens vergangener Jahrhunderte. *So–Fr 10 bis 16 Uhr, Schoolstraat 2, Warffum* (F1)

HOTEL

De Doelen
Das Traditionshotel mitten im Herzen der Stadt besteht seit 1798. Es hat 43 rustikale, renovierte Zimmer. *Ganzjährig, Grote Markt 36, Tel. 0 50/12 70 41, Kategorie 2*

AUSKUNFT

VVV Groningen
Naberpassage 3, Tel. 0 50/13 97 00

ZIELE IN DER UMGEBUNG

Assen
Die nicht sonderlich aufregende Hauptstadt (44 000 Ew.) der Provinz Drenthe liegt südlich von Groningen. Für Fans gibt es allerdings das ★ Automuseum. Liebhaber von Oldtimern geraten hier in Verzückung. Die Schmuckstücke der Sammlung sind zwei Peugeots der Baujahre 1906 und 1912 sowie ein Rolls Royce von 1930. *April–Okt. 9–17 Uhr, während der niederländischen Sommerferien nur Sa und So 13–17 Uhr, Rode Heklaan 3* (F2)

Leeuwarden
Friesland ist grün und fett, seine Bewohner sind bodenständig und eigensinnig. Und überall sieht man die gesunden schwarzbunten Kühe auf der Weide. Diesen Prachtexemplaren hat man mit *Us Mem*, der Mutterkuh allen schwarzbunten Viehs, auf dem Markt in der Provinz-Hauptstadt Leeuwarden (95 000 Ew.) ein Denkmal gesetzt. In der Stadt gibt es einmal wöchentlich einen lebendigen ★ Viehmarkt *(Fr 6 bis 12 Uhr)*. Ein zweites Denkmal war bei den Friesen nicht unumstritten. Zu ihrem hundertsten Geburtstag im Jahr 1976 hat man an der Gracht *Over de Kelders* der hier geborenen legendären Spionin Mata Hari ein Denkmal errichtet. Auskunft Leeuwarden: *Stationsplein 1, Tel. 0 58/13 22 24* (E1)

HAARLEM

Die Hauptstadt (160 000 Ew.) der Provinz Nord-Holland, Geburtsort so berühmter Maler wie Frans Hals und Jacob van Ruisdael, hat einen wunderschönen Bahnhof und einen verwinkelten, altholländischen Marktplatz, um den herum sich das Leben abspielt. Außerdem gibt es überall, oft versteckt, Hofjes zu sehen, jene zauberhaften Wohnhöfe aus vergangenen Zeiten. (C3)

MUSEEN

Frans Hals-Museum
★ Im ehemaligen Seniorenhaus aus dem Jahr 1608 mit Barockgarten ist ein sehr bedeutendes Museum untergebracht. Mittelpunkt der Sammlung sind acht große Schützen- bzw. Regentenmalereien des neben Rembrandt zweiten großen Vertreters der Hoch-Zeit niederländischer Malerei: Frans Hals. *Mo–Sa 11–17, So 13–17 Uhr, Groot Heiligland 62*

Museum De Cruquius
An der Straße nach Hoofddorp kann man sich in einem der ehemaligen Schöpfwerke einmal mehr über die Landgewinnung in den Niederlanden informieren. Das *Haarlemmermeer* (= der Haarlemer See) war zwischen 1849 und 1852 trockengelegt worden. *April–Nov. Mo–Sa 10 bis 17, So 12–17 Uhr, Cruquiusdijk 27*

HOTEL

Iepenhove
Auf halbem Weg zwischen Haarlem und dem Nordseestrand im Villenvorort Bloemendaal liegt dieses romantische Landhotel. 35 Zi. *Ganzjährig, Tel. 023/ 25 83 01, Kategorien 2 und 1*

AUSKUNFT

VVV Haarlem
Stationsplein 1, Tel. 023/31 90 59

ZIEL IN DER UMGEBUNG

Zandvoort
Der Dünenort ist besonders an den Wochenenden restlos überfüllt, weil viele Tagesausflügler aus Amsterdam kommen. Allerdings ist der Strand des einst mondänen Badeortes besonders breit und lang. Nördlich von ihm beginnt der ★ *Nationalpark Kennemerduinen*, von dessen Eingang zwischen Overveen und Bloemendaal aan Zee man zu Wattwanderungen aufbrechen kann *(tgl. 9–16.30 Uhr, Mitte Sept. bis Mitte April nur Sa und So)*. Auf dem berühmten Autorennkurs *Circuit* in den Dünen, auf dem sich einmal im Jahre die ★ Formel-I-Elite der Welt trifft, kann man auch als Normalsterblicher fahren. Es werden sogar Fahrstil- und Rennfahrerkurse angeboten *(Circuit-Park, Tel. 025 07/1 82 84)* (C3)

WESTFRIESISCHE INSELN

★ Auf drei der fünf Westfriesischen Inseln im Watt vor der niederländischen Küste dürfen Touristen mit dem Auto fahren. Fähren verbinden die beliebten Urlaubsinseln mit dem Festland.

Ameland
Die Insel hat vier Dörfer – Hollum, Ballum, Nes, Buren –, 3000 Einwohner und ein richtiges Naturparadies: die *Het Oerd* genannte Ostplatte, auf der seltene und geschützte Pflanzen wie etwa Stranddisteln und das Sumpfherzblatt wachsen. In den Dörfern sind die alten Kapitänshäuser sehenswert, die man *com-*

Ferienhaus auf Ameland

mandeurswoningen nennt. Auch die spätgotische Dorfkirche mit friesischem Satteldachturm am Ostkap und die alte Getreidemühle lohnen einen Blick. Hotel *Nobel*, 16 Zi., *Gerrit Kloosterweg 16, Ballum, Tel. 0 51 91/41 57, Kategorie 1. Der Fährdienst nach Ameland: von Helwerd in Friesland tgl. sechsmal in 45 Min. Allgemeine Auskunft: VVV, Rixt van Doniaweg 2, Nes Tel. 0 51 91/20 20.* (E 1)

Schiermonnikoog

Die kleinste und nördlichste der bewohnten Westfriesischen Inseln beweist, daß Naturschutz und Fremdenverkehr einander nicht ausschließen. Die Inselbewohner – 929 sind es genau – trennen messerscharf zwischen begehbaren und gesperrten Naturschutzgebieten. Das größere Wunder ist allerdings, daß die Touristen – in der Saison kommen täglich allein 8000 Besucher – sich daran halten. Bei Ebbe kann man Schiermonnikoog übrigens sehr gut zu Fuß durchs Watt von Pieterburen in der Provinz Groningen erreichen. Hotel *Van der Werff*, 40 Zi., *Reeweg 2, Tel. 0 51 95/3 12 03, Kategorie 2. Der Fährdienst nach Schiermonnikoog: von Lauwersoog in Groningen viermal tgl. in 45 Min. Allgemeine Auskunft: VVV, Reeweg 5, Tel. 0 51 95/12 33.* (E 1)

Terschelling

Die Insel (4600 Ew.), einst Heimat der Kapitäne für die Große Fahrt über die Weltmeere, hat elf winzige Ortschaften, von denen schmale Stichstraßen an den Nordseestrand führen. Am Ostkap findet man das Naturschutzgebiet *Boschplaat* mit seinen Vogelbrutplätzen. Hotel *Nap*, 33 Zi., *Torenstraat 55, West-Terschelling, Tel. 0 56 20/32 10, Kategorie 2. Der Fährdienst nach Terschelling: von Harlingen in Friesland dreimal tgl. in 90 Min. Allgemeine Auskunft: VVV, Willem Barentszkade 19 a, West-Terschelling, Tel. 0 51 95/12 33.* (D 1)

Texel

Die größte der westfriesischen Wattinseln (die Niederländer nennen sie *Tessel*) hat sieben Dörfer (12 800 Ew.). Informativ ist der Besuch des Zentrums *Ecomare*, in dem sich eine Seehundestation und eine ständige Ausstellung über die Entwicklung von Wattenmeer und Nordsee befinden. Eine besondere Attraktion ist alle Jahre wieder die Katamaran-Regatta *Rondom Tessel*, die mit einem international besetzten Jazz-Festival gekoppelt ist. Hotel *De Koog*, 71 Zi., *Kamerstraat 77, De Koog, Tel. 0 22 20/1 73 54, Kategorie 2. Der Fährdienst nach Texel: von Den Helder in Noord-Holland ständl. in 15 Min. Allgemeine Auskunft: VVV, Emmalaan 66, Den Burg, Tel. 0 22 20/1 47 41.* (C 1–2)

Vlieland

Das ist nun die Erholung pur. Denn auf der Insel gibt es überhaupt keinen Autoverkehr. Das einzige Dorf heißt Oost-Vlieland. Der Rest sind auf 20 km Länge und 2,5 km Breite Strand und Dünen mit weiträumigen schützenswerten Vogelbrutplätzen. Hotel *Geertzen*, 21 Zi., *Berkenlaan 18, Tel. 0 56 21/14 08, Kategorie 1. Der Fährdienst nach Vlieland: von Harlingen in Friesland dreimal tgl. in 90 Min. Allgemeine Auskunft: VVV, Havenweg 10, Tel. 0 56 21/11 11.* (C–D 1)

Von Auskunft bis Zoll

Warum die Niederlande für lebende Pflanzen ein Gesundheitszeugnis verlangen. Und ein ganzer Batzen anderer nützlicher Tips für Ihre Reise

AUSKUNFT VOR DER REISE

Das Niederländische Büro für Tourismus (NBT) weiß um die Attraktivität seines Landes als Reiseziel und ist bestens auf die Wünsche der Gäste eingestellt. Deshalb gibt es im sogenannten Holland-Shop eine ganze Menge von Detail-Artikeln, die man vor der Reise bestellen kann. Das reicht von Fahrradkarten über Wasserkarten, Camping- und Hotelführern bis hin zu einer zwanzigminütigen Videokassette »Holland – the best friend you ever made«, in deutscher Sprache mit englischen Untertiteln. Das Video (einschließlich einer CD) ist zum Preis von 45 Mark erhältlich.

Niederländisches Büro für Tourismus (NBT)
Hohenzollernring 38–40, Postfach 27 05 80, 50511 Köln, Tel. 02 21/ 2 57 03 83
c/o KLM, Kärtnerstr. 12/Kupferschmiedgasse 2, A-1010 Wien 1, Tel. 01/5 12 16 04
Talstr. 70, CH-8001 Zürich, Tel. 01/2 11 94 82

AUSKUNFT IN DEN NIEDERLANDEN

Über das ganze Land verteilt gibt es 400 Fremdenverkehrsbüros. Sie liegen meist zentral in der Mitte der Orte, dort, wo man auch die Post oder das Rathaus findet. Erkennen kann man die Verkehrsbüros an dem blauen VVV-Zeichen auf weißem Grund. *Geöffnet sind sie werktags von 9–17 Uhr, Sa 10–12 Uhr, in größeren Orten bis 17 Uhr.* In den Sommermonaten sind die Verkehrsbüros in den Touristenzentren oft auch am Abend und am Sonntag offen. Die Verkehrsbüros vermitteln gegen eine Gebühr Übernachtungsquartiere, und sie reservieren beispielsweise Karten für regionale Kultur-Veranstaltungen. Die zentrale Informationsstelle im Land ist: *Nederlands Bureau voor Toerisme (NBT), Vlietweg 15, 2266 KA Leidschendam, Tel. 0 70/3 70 57 05*

APOTHEKEN

Die Öffnungszeiten der Apotheken sind *Mo–Fr 8–17.30 Uhr.*

Außerhalb dieser Zeit gibt es immer eine diensthabende Notapotheke, deren Adresse an den anderen Apotheken steht.

ARZT

Das Abkommen über die wechselseitige Anerkennung der Krankenversicherungen ermöglicht Deutschen und Österreichern, nicht den Schweizern, einen kostenlosen Arztbesuch. Sie müssen sich lediglich vor der Reise bei ihrer Krankenkasse den Anspruchsausweis E 111 besorgen. Gegen Vorlage des Scheins übernimmt der »Ziekenfonds«, die niederländische Krankenversicherung, die Kosten der Behandlung, auch in einem Krankenhaus. Arzt heißt im Niederländischen *dokter* oder *arts*. Der praktische Arzt ist der *huisarts*.

AUTO

Die Niederlande sind von einem dichten, gut ausgebauten Straßennetz durchzogen. Die Höchstgeschwindigkeit beträgt auf Autobahnen 120 (auf viel befahrenen Stücken 100) km/h, auf Landstraßen 80 km/h und in geschlossenen Ortschaften 50 bzw. nur 30 km/h. Bei Pannen kann man die Hilfe der gelben ANWB-Straßenwacht in Anspruch nehmen. Man erreicht sie über Rufsäulen oder den *zentralen Notruf 06-08 88*. Informationen über den Straßenzustand oder Staus – der Verkehrsfunk der Radiosender ist nicht so aktuell wie in anderen Ländern – erhält man unter *Tel. 06-91 09 10 90*. Auf Grachtenbrükken darf nicht geparkt werden. Wer im Parkverbot steht, wird schnell abgeschleppt. Oder die Polizei macht mit sogenannten Radkrallen eine Weiterfahrt unmöglich. Falsches Parken kostet umgerechnet zwischen 35 und 55 Mark Strafe, eine Mißachtung des Überholverbot-Schilds zwischen 65 und 100 Mark, Alkohol am Steuer zwischen 220 und 1350 Mark. Die wichtigste Abweichung in den Verkehrsregeln: Im Kreisverkehr hat man niemals Vorfahrt! Das Benzin – bleifreies heißt *loodvrij* – ist teuer. Die meisten Tankstellen haben nach 20 Uhr geschlossen. Wer nicht mit dem eigenen Auto anreist, wird sich vielleicht für entlegene und trotzdem sehenswerte Ziele ein Auto mieten wollen. Je nach Autotyp liegen die Tagessätze bei 50 bis 250 hfl. In Amsterdam findet man die zentralen Reservierungsstellen von Avis Rent A Car *(Tel. 020/ 5 64 15 11)* und Europcar *(Tel. 020/6 65 41 41)*, in Hoofddorp die von Budget *(Tel. 0 25 03/ 6 11 71 22)* und Hertz *(Tel. 0 25 03/6 70 7 47)*. An vielen Stellen des Landes verkehren ganzjährig Autofähren. Sie fahren über Flüsse und Kanäle und zu den Westfriesischen Inseln. Für die Linie Den Helder–Texel ist eine Reservierung notwendig. Auf die Inseln Schiermonnikoog und Vlieland werden keine Autos transportiert.

BABYSITTER

In den großen Städten kann man sich über die VVV-Büros einen Babysitter besorgen. Er kostet zwischen 5 und 10 hfl. pro Stunde. Die Abend- und Nachttarife betragen ungefähr das Doppelte.

BAHN

Die Niederlande haben – neben Belgien – das dichteste Bahnnetz der Welt. Die Niederländische Eisenbahn (NS) informiert auf jedem Bahnhof über zahlreiche Sondertarife, etwa Rückfahr-Ticket kombiniert mit dem Eintritt in einen Vergnügungspark. Es gibt Ein- und während der Sommermonate Juni bis August Vier-Tageskarten, mit denen man kreuz und quer durchs Land fahren kann. An fast allen Bahnhöfen werden Fahrräder vermietet. Gegen Vorlage eines Fahrscheins vermindert sich die Mietgebühr. Als Kaution müssen 200 hfl hinterlegt werden.

BOTSCHAFTEN

Deutsche Botschaft
Groot Hertoginnelaan 18–20, NL-2517 EG Den Haag, Tel. 0703/3 42 06 00

Österreichische Botschaft
Van Alkemadelaan 342, NL-2597 AS Den Haag, Tel. 0703/3 24 54 70

Schweizer Botschaft
Lange Voorhout 42, NL-2514 EEE Den Haag, Tel. 0703/3 64 28 31

BUS

Über ein regionales Busnetz sind alle Orte der Niederlande miteinander verbunden. Man muß eine Streifenkarte *(strippenkaart)* kaufen, auf der der Busfahrer dann je nach Zeitzonen, die überfahren werden, Streifen entwertet. Streifenkarten gibt es bei Zeitschriften- und Tabakhändlern, auf der Post, in den Bahnhöfen oder beim Busfahrer, wo sie dann allerdings etwas teurer sind. Die Streifenkarten gelten im ganzen Land.

CAMPING

Wildes Zelten ist verboten. Aber es gibt in den Niederlanden schließlich auch über 2000 Campingplätze. *Auskünfte erteilt der Deutsche Camping-Club e.V., Mandlstr. 28, Postfach 40 04 28, 80802 München, Tel. 089/33 40 21.* Spezielle Informationen über besonders ruhige und schöne Campingplätze bekommen Sie bei *Kleine Groene Campings, Heideweg 4, NL-6731 SN Otterlo, Tel. 00 31/83 82/14 83.*

DEVISEN

Landes- und Fremdwährung dürfen bei der Ein- und Ausreise in unbeschränkter Höhe mitgeführt werden.

JUGENDHERBERGEN

In den großen Städten Amsterdam, Den Haag und Rotterdam sowie hauptsächlich auf den Westfriesischen Inseln und in Friesland findet man Jugendherbergen. Eine Liste mit den Adressen gibt es beim *Niederländischen Jugendherbergswerk NJHC, Prof. Tulpplein 4, NL-1018 GX Amsterdam, Tel. 00 31/20/5 51 31 33.* An gleicher Stelle bekommt man auch Auskunft über preiswerte andere Jugend-Nachtquartiere, sogenannte Sleep-ins.

LEBENDE TIERE

Für Hunde und Katzen muß ein amtstierärztliches Gesundheits-

und Tollwutimpfzeugnis in deutscher, niederländischer, englischer oder französischer Sprache mit genauer Bezeichnung des Tieres, Adresse des Besitzers und Bezeichnung der Impfung vorgelegt werden. Die Impfung muß mindestens 30 Tage, darf jedoch nicht länger als drei Monate zurückliegen bei Hunden oder Katzen, die vor dem dritten Lebensmonat geimpft wurden. Bei später geimpften Hunden und Katzen muß die Impfung mindestens 30 Tage, darf aber nicht mehr als ein Jahr zurückliegen. Sind die Bedingungen nicht erfüllt, wird das Tier zurückgewiesen. Wer Tiere aus der Papageienfamilie mitnehmen will, sollte vorher Informationen beim *Department for Nature Conservation, Environmental Protection and Wildlife Management, Bezuidenhoutseweg 73, P. O. Box 20401, 2500 EK Den Haag*, einziehen.

LEBENDE PFLANZEN

Da die Niederlande wegen ihres eigenen Pflanzenanbaus große Angst vor der Einfuhr von Schädlingen haben, muß bei der Einfuhr lebender Pflanzen ein Gesundheitszeugnis eines Pflanzenschutzamtes vom Herkunftsort vorgelegt werden, das insbesondere bestätigen soll, daß das Herkunftsland frei von der San-José-Schildlaus ist. Die Bestimmung gilt nicht für Schnittblumen.

MELDEPFLICHT

Ausländer, die in einem Hotel oder auf einem Campingplatz übernachten, werden automatisch bei der örtlichen Polizei angemeldet. In allen anderen Fällen muß jeder Aufenthalt, der länger als acht Tage dauert, gemeldet werden.

POLIZEI

Die allgemeine Notrufnummer ist *06 11*.

POST UND TELEFONIEREN

Die Postämter haben Mo–Fr 8.30 bis 18 (die Hauptpostämter in den großen Städten bis 19) und Sa bis 12 Uhr geöffnet. Man erkennt sie an der Abkürzung PTT. Innerhalb der EG-Länder kostet eine Postkarte 60 Cent und ein Brief 80 Cent. Zum Telefonieren benötigt man schon fast überall die Telecard, die man bei den Postämtern und an Zeitungskiosken kaufen kann. Die Vorwahl ins Ausland ist 09 (abwarten bis Signalton kommt), dann für Deutschland 49, für Österreich 43 und für die Schweiz 41. Von der Ortsvorwahl im Lande wird dann die 0 weggelassen. Die Vorwahlnummer in die Niederlande ist von allen drei Ländern aus gleich: 00 31.

SPIELCASINOS

»Holland Casino's«, wie sich der Zusammenschluß der Spielbanken von Amsterdam, Breda, Groningen, Nijmegen, Rotterdam, Scheveningen, Valkenburg und Zandvoort nennt, sind das ganze Jahr über geöffnet – und zwar *täglich von 14–2 Uhr.* Es werden Baccara, Black Jack, Punto Banco, französisches und amerikanisches Roulette gespielt. Die Spielerinnen und Spieler müssen mindestens 18 Jahre alt sein.

Beim Einlaß wird auf korrekte Kleidung geachtet. Eine Krawatte ist aber nicht unbedingt erforderlich.

TRINKGELD

Auch wenn auf der Rechnung *inclusief* steht, erwartet der Ober im Lokal oder Restaurant ein Trinkgeld (niederländisch: *fooi* oder *tip*). 10 Prozent der Rechnungssumme sind üblich, auch bei Taxifahrern. Die Garderoben- oder Toilettenfrau bekommt zwei *kwartjes* (50 Cent).

ZOLL

Seit dem 1. Januar 1993 gibt es innerhalb der EG für Privatreisende (nicht für Gewerbetreibende) keine Zollgrenze mehr; eine Folge des europäischen Binnenmarktes. Das heißt, daß der Tourist alle Waren, die er für seinen persönlichen Verbrauch eingekauft hat, ohne weiteres mit in sein Heimatland nehmen darf. Daß der Begriff »persönlicher Verbrauch« natürlich auch zu gewissen »Obergrenzen« führt, leuchtet jedem ein.

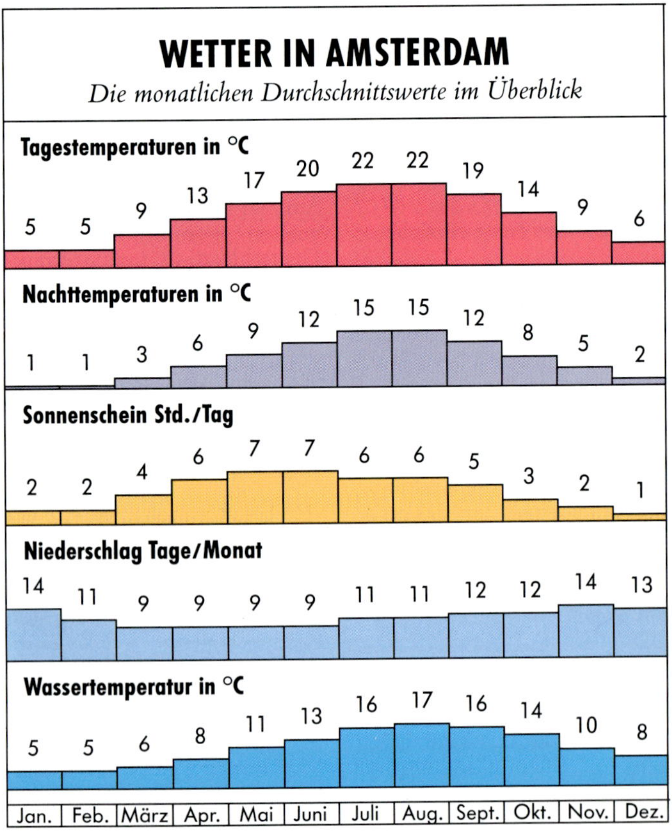

Bloß nicht!

Dinge, die Ihnen als Tourist vermutlich keinen Spaß machen werden oder mit denen Sie sogar richtig anecken

Den Deutschen herauskehren
Auch fast ein halbes Jahrhundert nach dem Ende des Zweiten Weltkrieges haben viele Niederländer die Schrecken, die die Soldaten aus dem nationalsozialistischen Deutschland während der Besetzung des Nachbarlandes verbreiteten, nicht vergessen. Wer also, und das gibt es leider immer wieder, als Beute-Deutscher auftritt und, wie es der in Rijkswijk bei Amsterdam lebende Reise-Journalist Günter C. Vieten einmal genannt hat, »die Neigung hegt, vorhandene Unterschiede zu bagatellisieren und die Holländer für eine Art desertierter Landsmannschaft zu halten«, der wird ganz kräftig auf Ablehnung, manchmal sogar auf blanke Wut stoßen. Viele Niederländer sind der Meinung, daß es sich die Deutschen zu einfach machen, wenn sie behaupten, die beiden Völker seien sich so ähnlich wie Bruder und Schwester. Sie sind viel unterschiedlicher, als es der lange gemeinsame Grenzverlauf vermuten läßt.

Die Sprache voraussetzen
Auch zur Überheblichkeit mancher Deutscher paßt, daß sie automatisch davon ausgehen, daß jeder Niederländer deutsch spricht. Erstens ist es, wie in jedem fremden Land übrigens, unhöflich, sich nicht wenigstens ein paar Worte des täglichen Gebrauchs wie danke, bitte oder guten Tag in der Landessprache anzueignen, und zweitens wird man tatsächlich feststellen, daß gerade unter den jungen Leuten Deutsch nicht unbedingt mehr als erste Fremdsprache üblich ist. Auch in den Niederlanden sind Englisch oder etwa Spanisch hoch im Kurs. Vielleicht versuchen Sie sich also zunächst mit Englisch zu verständigen, wenn Ihnen das Niederländische schwerfällt. Sollte Ihr niederländischer Gesprächspartner dann doch Lust auf einen Plausch in Deutsch haben, so wird er es Sie schnell merken lassen.

Verkehrsschilder mißachten
Die niederländische Polizei ahndet jeden Verstoß gegen die Verkehrsregeln. Besonders die Geschwindigkeitsbegrenzungen in den Ortschaften sollten Sie immer strikt einhalten, selbst wenn Niederländer in ihren Autos deutlich schneller an Ihnen vorbeirasen.

Auf Kinder schimpfen
Die Niederlande sind ein kinder- und familienfreundliches Land. Sollten Sie sich einmal über die

Art eines Kindes ärgern, zeigen Sie es nicht. Denn im Zweifelsfall ergreifen die Niederländer Partei für das Kleine und wenden sich gegen Sie.

Über Radfahrer wettern

Weder als Fußgänger noch als Automobilist sollten Sie in Ihrem Ärger über Radfahrer laut werden. In den Niederlanden machen Sie sich damit nur Feinde. Das Land mit seinen fast flächendeckend ausgebauten Radwegen ist ein Eldorado für Radfahrer. Sie werden gegen jedermann in Schutz genommen.

Drogen kaufen

In den Niederlanden wird der Ankauf von sogenannten weichen Drogen wie Marihuana und Haschisch zwar nicht mehr strafrechtlich verfolgt, aber Sie sollten sich als Tourist trotzdem von ihnen fernhalten. Denn Rauschgifte werden nur für den eigenen Gebrauch geduldet. Mitten auf überfüllten Plätzen wird Ihnen Stoff angeboten, der sehr oft stark verschnitten und deshalb manchmal lebensgefährlich ist. Auch besteht immer noch die Gefahr, wegen Rauschgifthandels mit der Polizei in Konflikt zu geraten. Denn legal ist der Handel keineswegs. Und die Frage, wieviel der bei Ihnen vielleicht gefundenen Gramm Rauschgift für den eigenen Gebrauch und wieviel wohl doch eher zum Weiterverkauf bestimmt ist, wird in den Niederlanden in das Ermessen der ermittelnden Polizeibeamten gestellt. Bei der Ausreise müssen Sie ohnehin darauf achten, daß Sie wieder »clean« sind. Denn auch bei gefallenen (Zoll-) Schranken in Europa, wird gerade an der Grenze zwischen Deutschland und den Niederlanden bei dem geringsten Verdacht nach Drogen gefahndet.

Den Schnaps verschmähen

Wenn Sie in einem der typischen *proeflokalen*, in denen die Niederländer zur Mittagszeit ihren Apéritif einzunehmen pflegen, auf einen Genever eingeladen werden, können Sie dies quasi nur mit einem ärztlichen Attest, das ihnen jegliche Alkoholeinnahme verbietet, ausschlagen. Der spendable Niederländer wäre tödlich beleidigt, wenn Sie seinen Schnaps verschmähten. Wenn Sie ihn trinken, stoßen Sie nicht mit ihm an! Der Genever, der in diesen kleinen Gasthäusern meistens im Stehen getrunken wird, wird nämlich »mit Berg«, also fast bis über den Rand des Glases hinaus, eingeschenkt. Sie müssen nun, ohne die Hände zu benutzen, den ersten Schluck nehmen, indem Sie sich zum Glas hinunterbeugen und mit dem Mund den »Berg« abtrinken. Erst dann heißt es wie bei uns Prosit!

Den Regenschirm vergessen

Die Niederlande sind ein regenreiches Land, sonst wäre es auch nicht so grün und blumenbunt. Auch in den laut Klimatabellen eher warmen und trockenen Sommermonaten kommt es schnell einmal zu kurzen heftigen Schauern. Schuld daran sind meist Wolken, die über dem vorgelagerten England nicht ganz abregnen konnten. Es ist also gut, einen Regenschirm auf der Reise in die Niederlande im Gepäck zu haben.

In diesem Register sind alle in diesem Führer erwähnten Orte verzeichnet

Orte

Was bekomme ich für mein Geld?

Etwa soviel wie in Deutschland für die Mark. Denn auch, wenn man für die Mark ein paar Cent mehr bekommt als einen Gulden, bewirken die verhältnismäßig hohen Lebenshaltungskosten das 1:1-Verhältnis. Allerdings gibt es auch Möglichkeiten, die Reisekasse zu schonen. Ins Kino kommt man schon für 6 hfl.; die belegten Brötchen in den traditionellen »Broodjeswinkels« gibt es ab 2,50 hfl.; und in den Jugendherbergen kann man bereits für 15 hfl. unterkommen.

Die niederländische Währungseinheit ist der Gulden (Abkürzung für den Eurocheque: hfl.). Ein Gulden hat 100 Cent (c). Im Umlauf sind Münzen von 5 (im Volksmund: *stuiver*; geringere Teilsummen werden beim Bezahlen auf- bzw. abgerundet), 10 *(dubbeltje)* und 25 Cent *(kwartje)*. Außerdem gibt es 1-Gulden-, 5-Gulden- und 2,50-Gulden-Münzen. Die letzteren heißen im Volksmund *rijksdaalder*. Zum Telefonieren brauchen Sie 25-Cent- und 1-Gulden-Stücke. Scheine gibt es im Wert von 10, 25, 50 und 100, 250 und 1000 Gulden.

Es lohnt sich, das Urlaubsgeld in den sogenannten *grenswisselkantoren* (GWK), an den Grenzübergängen und Bahnhöfen, oder aber in den Banken umzutauschen (geöffnet in der Regel Mo–Fr von 9–16 Uhr), da in den Wechselstuben und Hotels sehr oft hohe Gebühren erhoben werden.

DM	hfl	hfl	DM
1	1,12	1	-,90
2	2,23	5	4,48
3	3,35	10	8,95
4	4,47	20	17,90
5	5,59	30	26,85
10	11,17	40	35,80
20	22,35	50	44,75
25	27,93	75	67,13
30	33,52	100	89,50
40	44,69	200	179,--
50	55,87	300	268,50
75	83,80	400	358,--
100	111,73	500	447,50
200	223,46	1.000	895,--
250	279,33	2.000	1.790,--
300	335,20	2.500	2.237,50
500	558,66	5.000	4.475,--
750	837,99	10.000	8.950,--
1.000	1.117,32	50.000	44.750,--
2.000	2.234,64	75.000	67.125,--

Räucherfisch in Gouda. Unbedingt versuchen sollten Sie den »gerookte paling«, jenen schnürsenkeldünnen IJsselmeer-Aal